OF

Claudia Bischofberger-Voss

Kreatives Werken

Ton-, Gips-, Zinn- und Holzarbeiten

Fotos: Doris Quarella
Zeichnungen: Claudia Bischofberger-Voss

Orell Füssli

Lithos: Schaufelberger AG, Winterthur
Satz und Druck: B&K Offsetdruck, Ottersweier
Einband: Großbuchbinderei Spinner, Ottersweier
Printed in Germany
ISBN 3 280 01815 3

Inhalt

Vorwort

Mit diesem Werkbuch möchte ich zu schöpferischem Gestalten in jene Richtung anregen, die sich vom «Basteln» unterscheidet. Unter letzterem verstehen wir Entwicklung und Anwendung von handwerklicher Tätigkeit bei der Nachahmung bestehender Objekte. Beim «Werken» liegt das Gewicht auf eigener Phantasie, Lust am Experiment und auf künstlerischer Aussage. Es basiert auf Gefühlen, die danach drängen, Form zu werden, und es sollte Formen erreichen, die ihrerseits wieder Gefühle auslösen.
Die in diesem Buch enthaltenen Angaben habe ich während des zehnjährigen Unterrichts am Kindergartenseminar und an der Diplommittelschule erarbeitet. Dabei habe ich Arbeiten ausgelesen, die das Interesse weiter Kreise finden könnten.

Ich hoffe, daß die abgebildeten Objekte nicht bloße Rezeptanweisungen, sondern Anregungen zu eigener Kreativität seien, und daß eine neuerlernte Technik die selbständige Anwendung ermögliche und Freude und Befriedigung über das Selbstgeschaffene bringe. Aus der dadurch entstehenden Kritikfähigkeit wird ein höherer Anspruch resultieren, einerseits an die eigene Arbeit, andererseits an so vieles, das uns angeboten und zugemutet wird, wie klischéhafte, schluchzende Harlekine, Clowns mit Kreuzaugen, formlose Gefäße, deren Daumenabdruckstruktur uns «Handarbeit» bezeugen will und über mangelnde Proportion und ungefühltes Volumen hinwegtäuschen soll.
Ich würde mich freuen, wenn die Arbeitsbeispiele gemeinsam mit den technischen Anleitungen wie Aufsatzthemen nach Vermittlung von Grammatik aufgefaßt würden. Die schöne Freiheit in der Anwendung von Form und Farbe (den Dackel nicht nur braun, den Elefanten nicht nur grau darzustellen) wäre in sich selbst zu entdecken.
Dieses Buch ließe sich beliebig ausbauen. Ich habe mich jedoch beschränkt auf didaktische Spiele, Rollenspiele und persönliche Objekte unter Anwendung von Ton, Gips, Zinn und Holz.

Das Buch wendet sich an Erzieher und Lehrer, wie auch an Eltern.

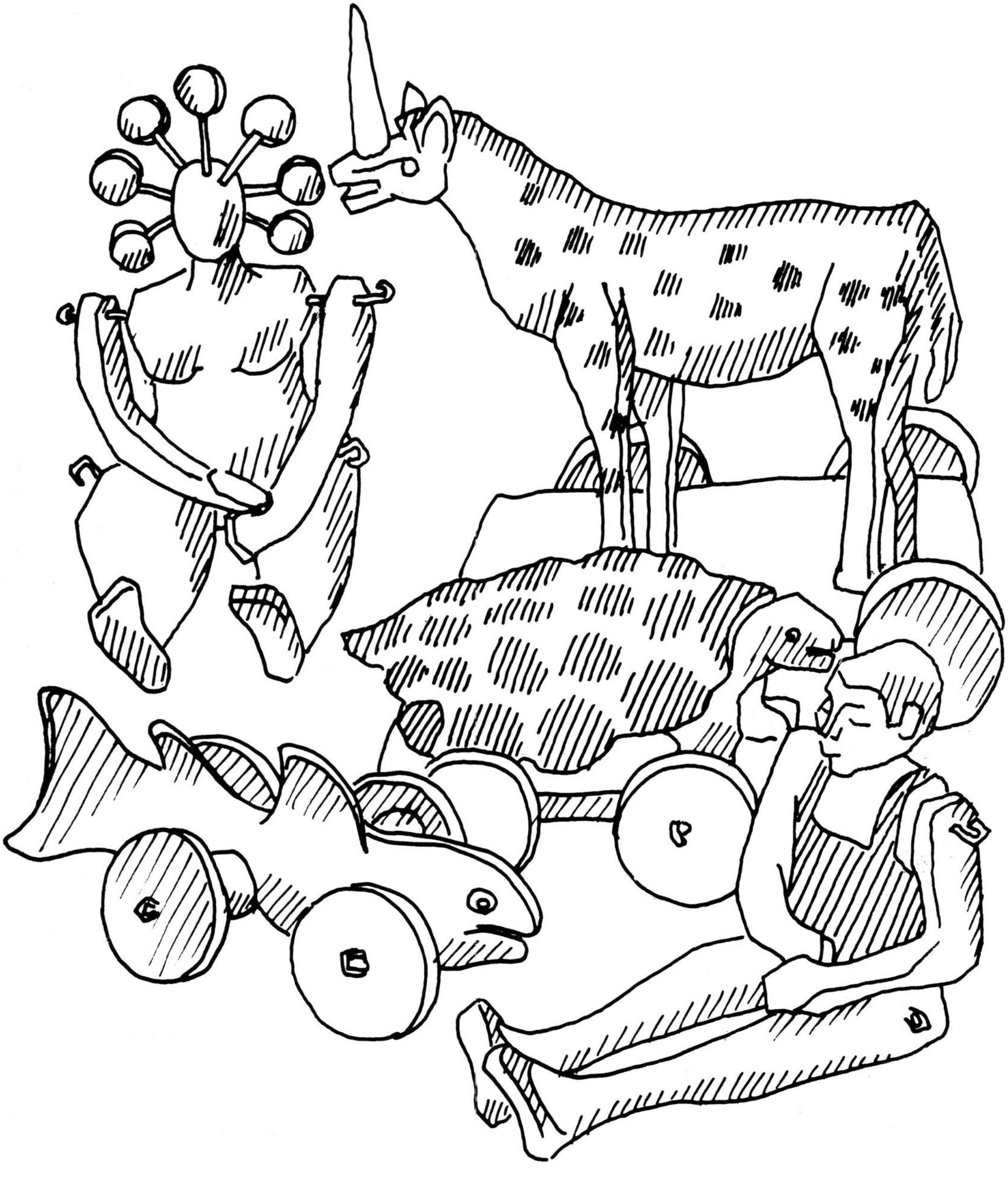

Gliederpuppen

Wer sich zum ersten Mal mit Ton beschäftigt, könnte mit der Herstellung einer Gliederpuppe beginnen. Es ist eine der Möglichkeiten, sich mit dem Material vertraut zu machen.
Erhältlich sind roter, brauner, weißer Töpferton (Schamottenton ist für diese Arbeit nicht geeignet).

Materialliste:
Töpferton
1 mm-Draht
Zeitungen
Stofflappen
Plastiksack
Glatte Unterlage oder Küchentisch
Evtl. Gips oder Moltofill für Rep.
Halbkarton oder Postkarten

Werkzeug:
Eventuell Tonabschneider (= zwei Holzstäbchen, welche in einem Abstand von 20 cm durch Blumendraht oder Nylonfaden verbunden sind. Damit kann eine Scheibe Ton abgeschnitten werden.)
Wallholz
Küchenmesser ohne Rillen oder ein feines Holzstäbchen (zur Formgebung)
Kettzange oder Rosenkranzzange (= Rundzange)
Zirkel
Schere
Schmirgelpapier

Gliederpuppen können auch in Puppenhäusern Verwendung finden, ebenso könnte die eigene Familie mit den typischen Merkmalen der einzelnen Personen Darstellungsmotiv sein.

Ziel:

Die Modelliermasse Ton kennenlernen.
Formen und Gestalten einer Figur, eines Tieres.
Proportionen erarbeiten.
Ton und Draht verbinden, Materialgrenzen feststellen.

Arbeitsanleitung

Ein Stück Ton vom Ballen wegschneiden und gut kneten, dabei unbedingt eingeschlossene Luftblasen aufstechen. Eine Tonwurst drehen und diese mit dem Handballen flachdrücken *(Zeichnungen 1 + 2)*. Mit dem Küchenmesser die Schultern freilegen, den Kopf aussparen *(Zeichnung 3)*. Den Kopf formen, Halslänge bestimmen durch Zusammendrücken mit Daumen und Zeigefinger; eventuell Kinn aufsetzend ergänzen *(Zeichnung 4)*.
Die Masse des Körpers bestimmen und mit dem Küchenmesser auf Hüfthöhe eine T-Form stehen lassen *(Zeichnung 5)*. Durch die Schultern und den stehengelassenen Fortsatz einen 1 mm-Draht schieben *(Zeichnung 9)*. *Zeichnungen 6, 7, 8:* Draht abschneiden, Öse einrollen und zurückbiegen.
Arme und Beine, wieder von einer Wurst ausgehend, formen und ebenfalls auf den Draht aufziehen. Hände hängen bei einer menschlichen Figur ungefähr auf oberer Oberschenkelhöhe *(Zeichnungen 10, 11)*.
Bei den Beinen ist darauf zu achten, daß die Puppe auch sitzen kann. Hemmende, vorstehende Rundungen müssen also zurückgeschnitten oder zurechtgedrückt werden.

Es gibt zwei Möglichkeiten, die Puppe trocknen zu lassen:

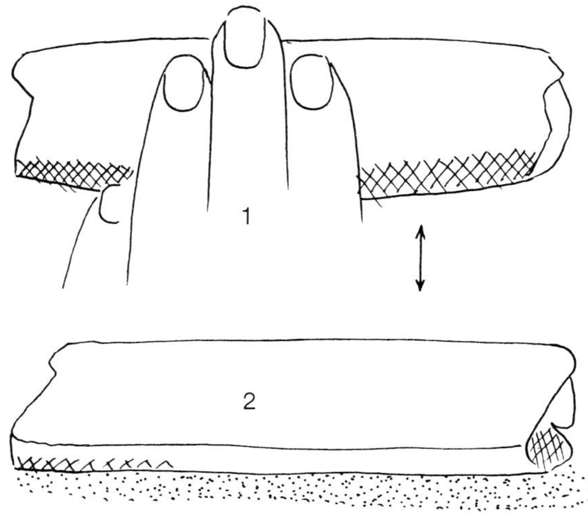

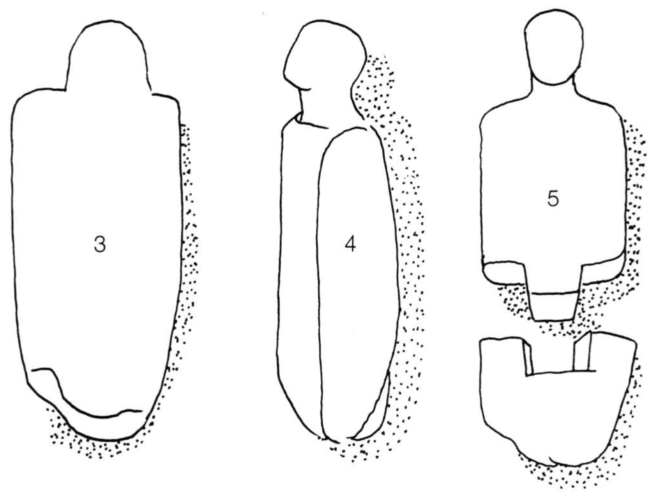

A. Die Drahtösen schließen und die Gelenke mit Zeitungspapierstücken vom Körper trennen l*(Zeichnung 12)*.
B. Die Gelenke lose auf den Draht fädeln, die Figur trocknen, brennen (bei 900°), bemalen und zuletzt zusammensetzen, dann die Ösen schließen *(Zeichnung 13)*.

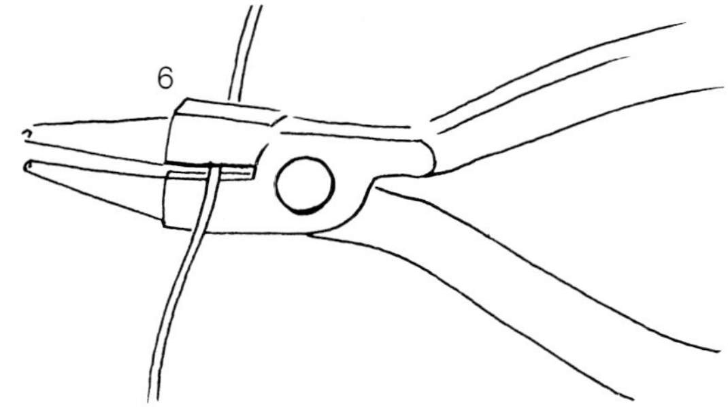

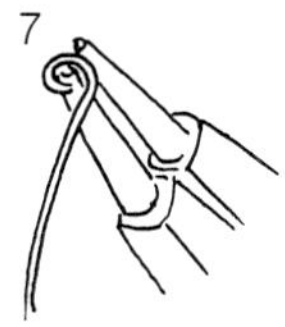

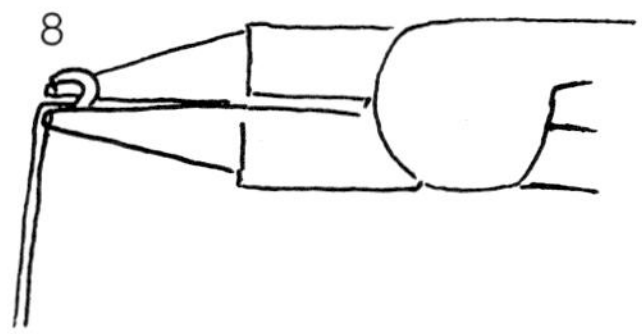

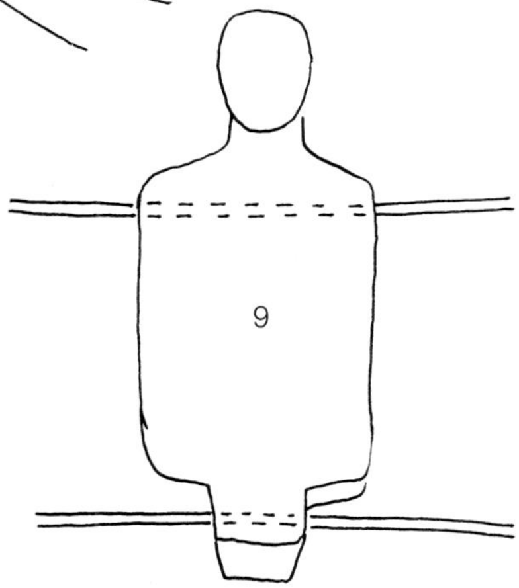

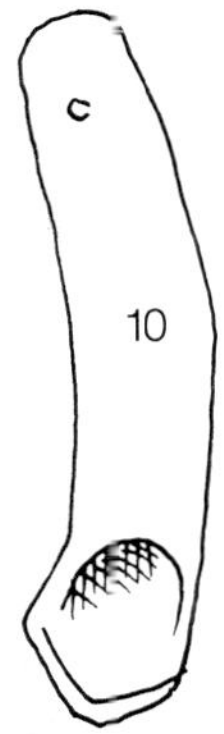

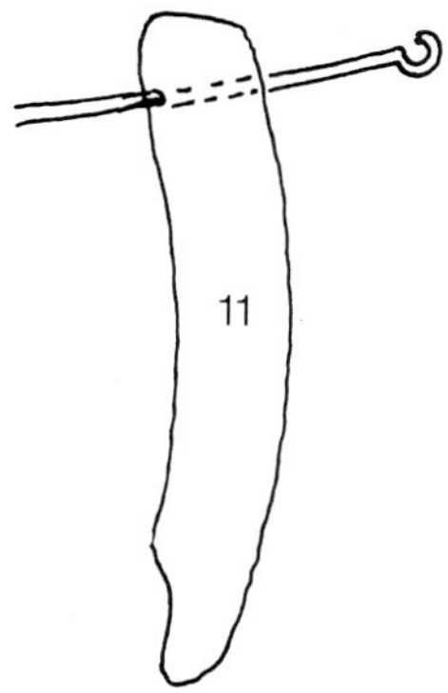

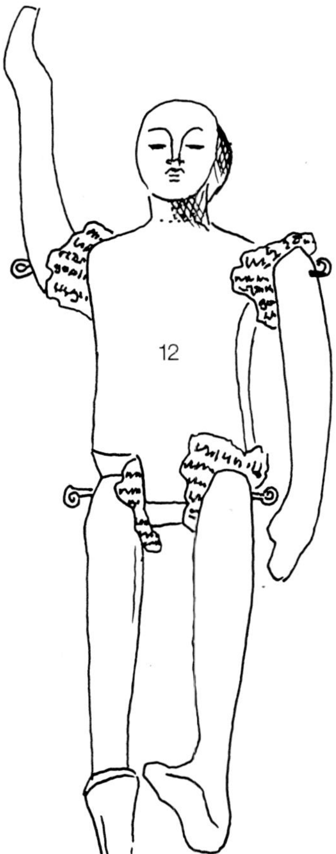

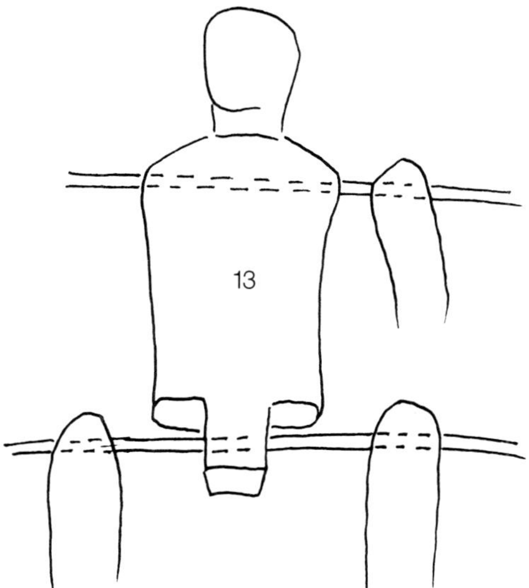

Wasser verdunstet beim Trocknen (Tonschwund), und die Figur wird ein bißchen kleiner. Die Drahtdurchgänge in Armen und Beinen sollten daher von Anfang an etwas größer ausgeführt werden. Alle weiteren Drahtdekorationen sitzen genügend fest, wenn sie durch einmaliges Einstechen angebracht werden.

Fahrzeuge

Wenn wir uns an Fabeln, Märchen, Träume erinnern oder uns eigene Vorstellungen von Fahrendem gemacht haben, kann mit der Gestaltung, der Umsetzung begonnen werden.

Sehr feine Formen sollte man vergröbern oder ausschließen (= dickere Beine, festere Hörner etc.). Notfalls kann ein Drahtstück zur Verstärkung eines Schweifs, eines Hornes usw. eingesetzt werden. Dabei muß man aber Sprünge in Kauf nehmen, welche nach dem Brand mit Gips oder Moltofill wieder gestopft werden können.

Die Räder mit einem Zirkel auf einer Postkarte oder einem Stück Halbkarton aufzeichnen und ausschneiden. Das Zentrum des Kreises mit einer Nadel oder einem Drahtende durchstechen. Diese Schablone auf den ausgewallten oder flachgedrückten Ton

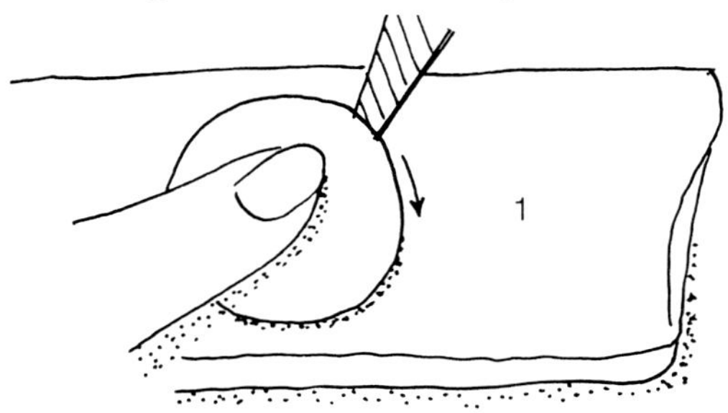

Eine anregende, surreale Variante wäre auch das Fahrbarmachen von an und für sich wenig oder gar nicht sich bewegenden Erscheinungen: Schnecken, Idole, Gefäße, Pflanzen usw.

legen und mit dem Küchenmesser ausstechen *(Zeichnung 1).* Dies wiederholen bis man die gewünschte Anzahl Räder besitzt. Mit Fingerspitzengefühl die Rundung ausbessern und danach ein Stück Draht durch die Mitte stecken. Damit der Draht nach dem Trocknen nicht festsitzt, muß er im Zentrum des Rades etwas Spiel erhalten.

Die Räder können am Tier/Fabelwesen direkt montiert werden, wenn dieses nicht zu feingliedrig gebaut ist *(Zeichnung 2).* Zartere Wesen auf einem Sockel festmachen: die gewünschte Fläche (mindestens 1 cm dick) auswallen und mit dem Küchenmesser zurechtschneiden. Mit Schlicker (= mit Wasser aufgeweichter, crèmeartiger Ton, welcher, wie Leim, zwei Tonstücke verbindet) die Füße des Wesens anfeuchten und dieses fest auf die Fläche setzen. Den Draht durch den Sockel stechen und beidseitig vorstehen lassen. Sobald der Ton gut durchgetrocknet ist, können die Räder mit Schmirgelpapier gesäubert werden. Die Wesen können, falls nötig, mit dem Messer noch zurechtgeschabt werden. Dabei nicht vergessen, daß der getrocknete Ton nicht wie Holz, sondern eher wie ein rohes Ei behandelt werden muß. Gebrochenen Formen nicht nachtrauern und hoffen, nach dem Rohbrand mit Leim noch etwas retten zu können, sondern, um eine Erfahrung reicher geworden, *neu* beginnen.

Brennen lassen kann man die Gegenstände in Freizeitanlagen, in ländlichen Gebieten in Drogerien oder auch in Schulhäusern und natürlich in Keramikwerkstätten.

Nach dem Rohbrand die Gegenstände mit Acryl- oder Temperafarben (eventuell lasierend) bemalen. Wenn die Bemalung nicht zufriedenstellend ist, kann die Farbe unter fließendem Wasser abgebürstet werden. Der Gegenstand hält dies jetzt aus, vergleichbar einem Blumentopf oder einem Ziegel.

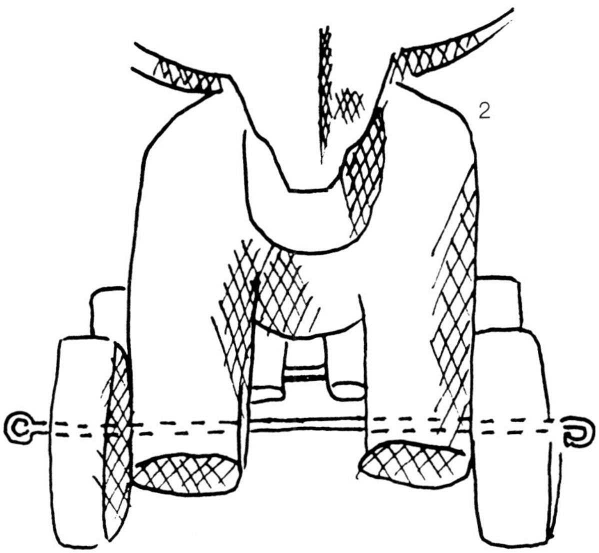
2

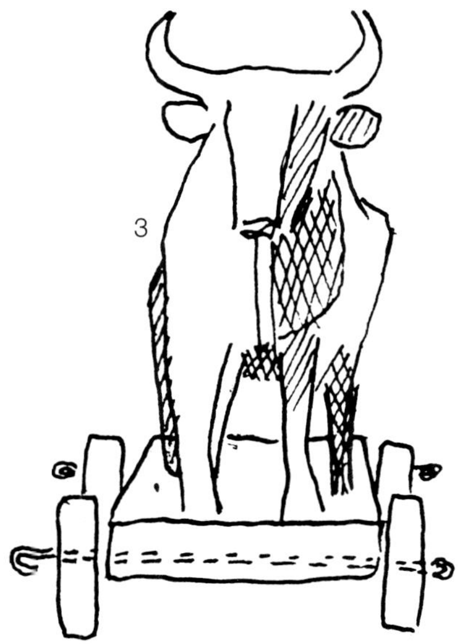
3

Krippen

Das Charakterisieren der Figuren in ihrer Funktion (Mutter, Vater, Kind, Hirte, König) und das Zusammenwirken dieser Funktionen durch ihre räumliche Stellung sind das eigentliche Motiv dieser Arbeit. Eine symmetrische Aufstellung der Figuren kann, weil spiegelbildlich, in ihrer optischen Wirkung stark sein. Es entsteht der Eindruck eines Altars. Die Figuren Joseph und Maria können z. B. unter Bögen «eingerahmt» wirken, und das Kind im Zentrum ist Hauptperson.

Materialliste:
Steinzeugton (Rohbrand 1200° C – 1300° C)
Zeitungen
Karton (für Schablonen und zur Formgebung)
Baumwolltücher
Plastiksack

Werkzeug:
Küchenmesser ohne Rillen
Wallholz

Ziel:
Die «Platten-Technik» der Keramikarbeit kennenlernen.
Masse zwischen Figuren und Bau planen.
Räumliches, dreidimensionales Gestalten lernen.

Arbeitsanleitung
Einen ungefähr faustgroßen Tonklumpen gut durchwalken. Diesen auf einen kunststoffbeschichteten Tisch legen und wie Kuchenteig auswallen. Wenn der Ton klebt, ist er noch zu feucht = weiterwalken. Mit dem Küchenmes-

ser die Bodenform, den Grundriß, zurechtschneiden. Einfache Raumbegrenzungen sind z. B. Säulen, diese können mit dem Handballen auf dem Tisch gedreht und mit dem Messer auf die gewünschte Länge zugeschnitten werden. Auf der vorher angefeuchteten Bodenfläche werden die Säulen fest angedrückt und die Kontaktstellen mit den Fingern verstrichen. Geschlossene

Räume entstehen durch Zusammenfügen von Platten: Seitenwände und Rückwand auswallen, zuschneiden, eventuell mit Hilfe einer eigenen Kartonschablone, und anschließend die ausgeschnittene Fläche zentimeterweise auf dem Boden fest andrücken. Die sich neu berührenden Stellen gut verstreichen und mit Hilfe eines Kartonstückes «glätten» (rechtwinkliges Kartonstück wählen).

Wenn Boden und Seitenwände etwas angetrocknet sind, können Fenster oder Öffnungen mit der Messerspitze herausgeschnitten werden, dabei mit der freien Hand unbedingt die Wand stützen.
Steinzeugton wird relativ schnell hart und brüchig. Durch Zugabe von wenig Wasser wird er wieder gut knetbar.

Das Herstellen der Figuren *(Zeichnung 1 – 6):*

(1) Eine Tonwurst drehen und diese sanft flachdrücken.

(2) Mit dem Küchenmesser zwei gleich große Teile auf Schulterhöhe wegschneiden. In der Mitte bleibt das Kopfvolumen übrig.

(3) Den Kopf und die Schultern mit dem Daumen runddrücken. Die Weiblichkeit durch Ansetzen von Rundungen betonen.

(4) Das Kinn hervorheben durch Eindrücken der Halspartie.

(5) Weitere Tonwürste drehen für Arme, eventuell Haare. Diese gut andrücken und verstreichen.

(6) Mäntel oder Kopfbedeckungen sind ebenfalls gerollte Tonteile, welche beim Anbringen am Körper flachgedrückt werden.

Überflüssiges Material mit dem Küchenmesser wegstreichen oder wegschneiden.
Sollte die Zeit nicht reichen, die ganze Krippe an einem Tag herzustellen, so können begonnene Arbeitsteile, in feuchte baumwollene Tücher eingewickelt, in einem Plastiksack längere Zeit liegengelassen werden.

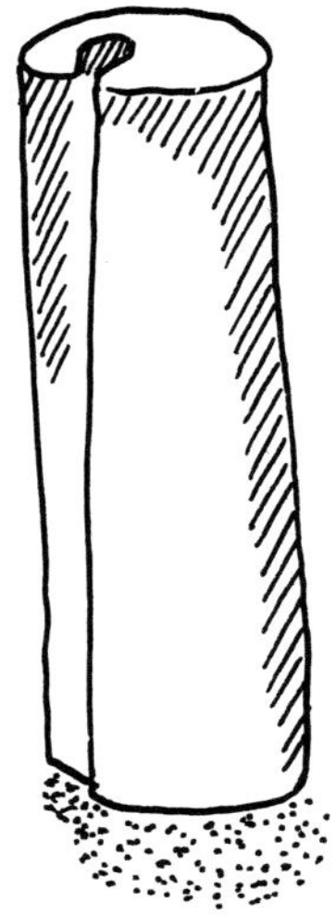

1

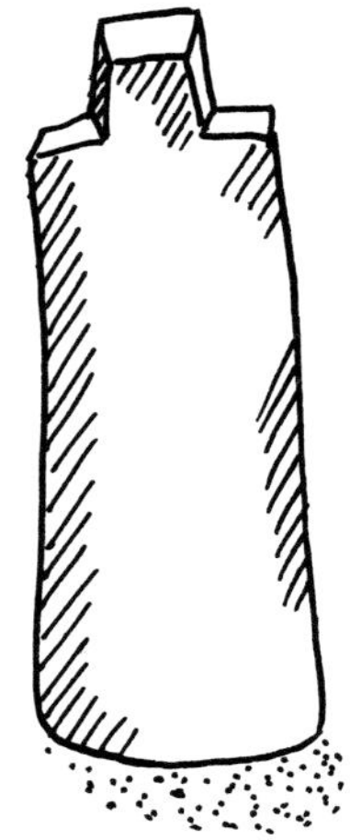

2

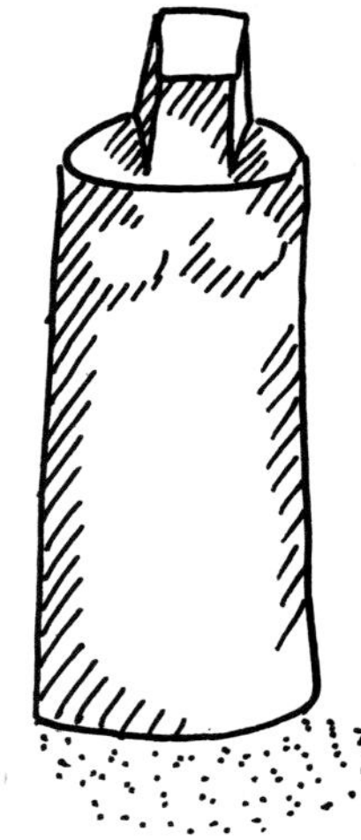

3

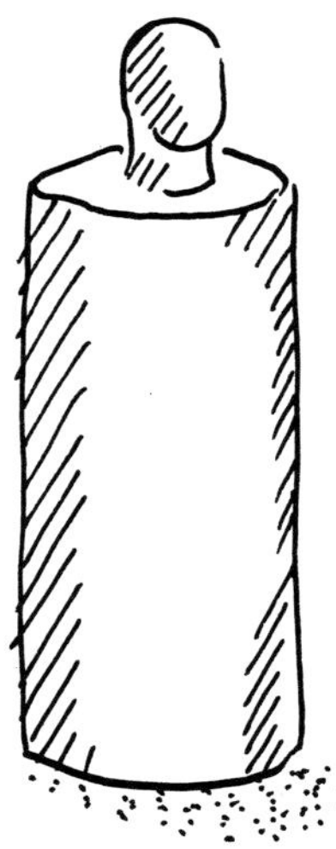

4

5

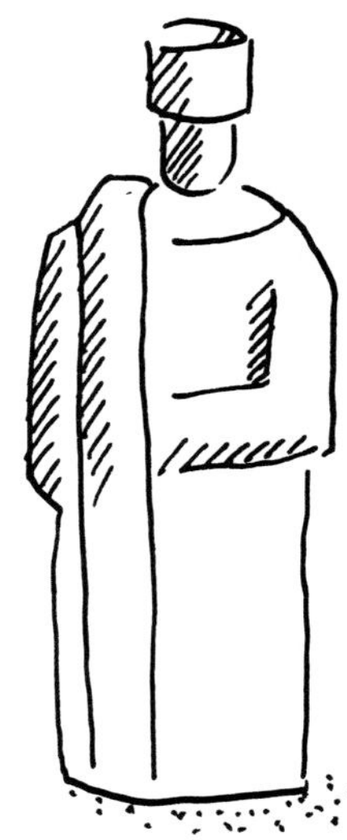

6

Häuser für den Sandkasten

Wenn man den Sandkasten durch Bauten beleben möchte, welche über Nacht und im Regen stehen bleiben können, dann sind Tonhäuser sicher geeignet. Auch lassen sich durch die Wahl von rotem und weißem Schamottenton verschiedene Bautypen herstellen.
Die Häuser können in kleinem Maßstab modelliert werden, sodaß der Sandkasten wie eine weite Landschaft wirkt. Größere, mit «Plattentechnik» aufgebaute Häuser könnten von kleinen Figuren bewohnt werden, falls die Häuserwände durchbrochen sind.

Materialliste:
Ton (Schamotten- oder Töpferton, weiß, rot, braun)
Baumwolltuch, Plastiktuch oder -sack zum Abdecken unfertiger Arbeiten
Zeitungspapier
Teppich-Klebeband (beidseitig klebend)
Acrylfarben

Werkzeug:
Küchenmesser
Wallholz
Zwei Holzleisten

Ziel:
Kind – oder Kinder – mit Kindern – Möglichkeiten der Landschaftsgestaltung erleben lassen.
Plattentechnik kennenlernen.

Arbeitsanleitung

Kleine Häuser, Türme, Brücken können von Hand geknetet und geformt werden. Wenn sie gebrannt sind, mit Acrylfarbe spärlich oder reich (je nach Wunsch) bemalen.

Die größeren Bauten bestehen aus zusammengefügten Platten. Zwei Holzleisten mit Klebeband so auf der Tischplatte festkleben, daß innerhalb der Leisten mit dem auszuwallenden Ton die Breite der Häuserwand entsteht. Mit dem Küchenmesser die Masse der Wände zuschneiden. Die sich berührenden Schmalseiten der Wände mit Wasser befeuchten, die Teile zentimeterweise fest aneinanderdrücken und verstreichen (siehe auch Aufbaukeramik: «Töpfern und glasieren»).

Ein Flachdachhaus muß, bis es trocken ist, auf Zeitungspapier liegend, mit dem Dach nach unten gelagert werden.

Türen und Fenster erst herausschneiden, wenn die Wände ein wenig stabil (angetrocknet) sind. So lange sie naß sind, fallen sie wieder in sich zusammen.

Wichtig: stets mit einer Hand die Wand stützen, wenn die andere z. B. Türen ausschneidet.

Nach dem Rohbrand können die Bauten mit Acrylfarbe bemalt oder im Rohzustand belassen werden.

Da die Häuser in den Sand zu stehen kommen, ist ein Boden überflüssig.

Als Anregung für eigene Tonhäuserstädte könnten auch ethnographisch fern liegende Bauten sein, z.B. arabische Siedlungen, Iglus auf weißem Sand, Pfahlbauten usw.

Töpfern und Glasieren

Da es bereits sehr ausführliche Bücher über Keramik und über Rezepte von spezifischen Glasuren gibt, beschränkt sich dieses Kapitel auf **Aufbaukeramik** und **Unterglasieren.**
Picasso entdeckte die Leidenschaft des Bemalens von Keramik in Vallauris im Jahre 1946 anläßlich des Besuchs einer Töpferausstellung.
Er bemalte Schalen mit Faunsköpfen, Tischen, Stierkampfszenen; Krüge und Vasen nahmen weibliche Formen an, z. B. «Frau mit langem Hals».
Die geformte Töpferware kann mit Unterglasurfarbe bemalt werden, je nach Wunsch spärlich oder reich. Die Unterglasurfarbe besteht aus dem Farbkörper, der mit Kaolin oder Ton und manchmal mit transparenter Glasur vermahlen ist, wobei die transparente Glasur in diesem Gemisch die Streichfertigkeit erleichtert. Das Zustandekommen der Farbtöne wird in jeder Keramikwerkstatt auf andere Art erreicht. Die auf ungebrannten Ton aufgetragene Farbe wird im Rohbrand bei 900° gebrannt und anschließend transparent glasiert. Der zweite Brand (Glasurbrand) wird bis auf 1020° – 1080° erhitzt. (Gilt für Töpferton.)

Materialliste:
Töpferton (rot, weiß und braun erhältlich)
Großer Plastiksack
Zeitungen
Baumwolltuch
Harte Unterlage (eventuell Eternitplatte)
Papier
Unterglasurfarben
Evtl. transparente Glasur (es besteht auch die Möglichkeit, nach dem Auftragen der Unterglasur das Gefäß der Keramikwerkstatt zu überlassen. Die Fachleute sprühen die transparente Glasur auf und brennen dann das Gefäß fachgerecht.)

Werkzeug:
Wallholz
Teigschaber ohne Holzgriff, konkave Halbkreisformen aus Plastik, welche die Formgebung erleichtern
Töpferscheibe (Drehscheibe)
Pinsel
Nylonfaden oder Blumendraht
Küchenmesser ohne Scharten

Ziel:
Aufbaukeramik und Unterglasuren kennenlernen.
Durch die Ornamente auf das Gefäß eingehen.
Das Gefäß durch die Bemalung schmücken und in der Form steigern.

Arbeitsanleitung
Gefäß entwerfen, zeichnen oder silhouettenhaft ausschneiden *(Zeichnung 1).* Flache Schalen und Teller sind als Erstlingswerke nicht zu empfehlen, sie sind eine Herausforderung an die Schwerkraft.
Den Ton gut durchkneten, damit Luftblasen entweichen können. Einen Klumpen zu einer Kugel rollen und diese auf der Drehscheibe mit der Handfläche plattdrücken. Mit dem Wallholz den Boden gleichmäßig auswallen und mit dem Küchenmesser den Rand zurechtschneiden. Mit beiden Handflächen auf dem Tisch Wülste drehen. Wenn der Ton am

Tisch kleben bleibt, ist er noch zu naß. Eine kurze Pause empfiehlt sich.
Die Tonwurst mit dem Handballen flachdrükken, bis sie ausgeglichen flach und ca. 1 cm dick ist. Eine andere Möglichkeit wäre, zwei gleich hohe Holzleisten parallel auf der Tischplatte mit Klebeband zu befestigen und den Ton im Zwischenraum auszuwallen. Den ausgewallten Tonstreifen zentimeterweise (Luft ausschließend) am Gefäßboden festdrücken *(Zeichnung 2).* Die Wand am Boden außen und innen feststreichen, wiederum zentimeterweise *(Zeichnung 3).* Der zweite Tonwulst kann auf, außen oder innen an den ersten angedrückt werden *(Zeichnung 4).* Das Gefäß kann so geweitet oder verjüngt werden. Innerhalb des Gefäßes die Wurst verstreichen: wenn sie außen angesetzt wurde, muß der untere Ring nach oben verstrichen werden, wenn sie innen angeheftet wurde, muß der obere Ring nach unten verstrichen werden *(Zeichnung 5).*
Während des Verstreichens müssen beide Hände mitarbeiten: die eine Hand stützt und richtet, die andere verstreicht *(Zeichnung 6).* Mit dem Teigschaber oder einem Karton- (oder Holz-)resten läßt sich die Wand glatt streichen *(Zeichnung 7).* Wieder muß die eine Hand stützen, während die andere formt oder ausbessert.
Geduld lohnt sich bei dieser Tätigkeit, jedes Verstreichen gibt der neu angesetzten Tonmasse Gelegenheit, etwas anzutrocknen. Das hilft vor allem auch, wenn extrem weite Gefäße gebaut werden.
Griffe und **Henkel** werden ebenfalls gerollt und flachgedrückt, mit dem Messer ausgeglichen und an der Berührungsstelle mit Wasser angetupft. Beim Andrücken von innen her stützen. Den Ton gut verstreichen, um Sprünge zu vermeiden.
Deckel einzeln formen und innen mit einem Rand versehen (Wurst rollen, flachdrücken und mit Schlicker ansetzen = Tonstaub und Wasser). Auf die Kante, rund um die Gefäßöffnung, einen Zeitungspapierring legen und den angepaßten Deckel (er darf nicht hin- und herrutschen) darauf legen. Das Gefäß mit aufgesetztem Deckel trocknen lassen – beide Teile schwinden so beim Trocknen gleichmäßig.

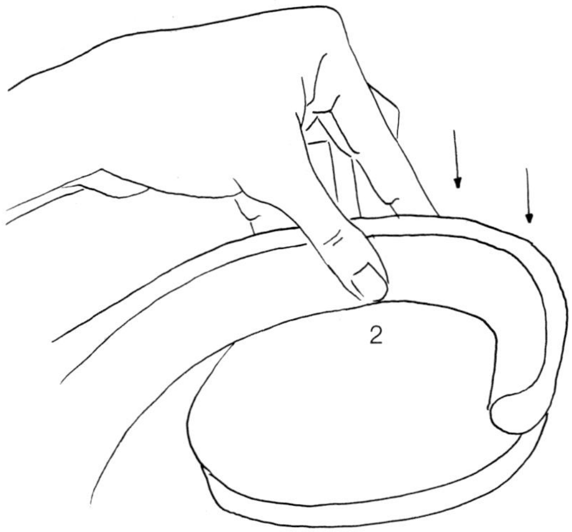

2

3

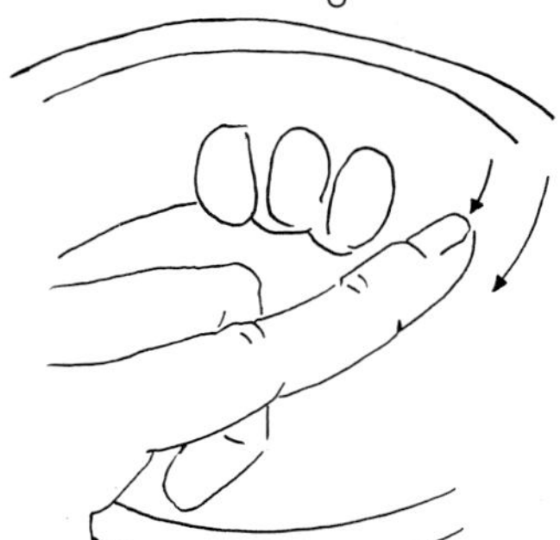

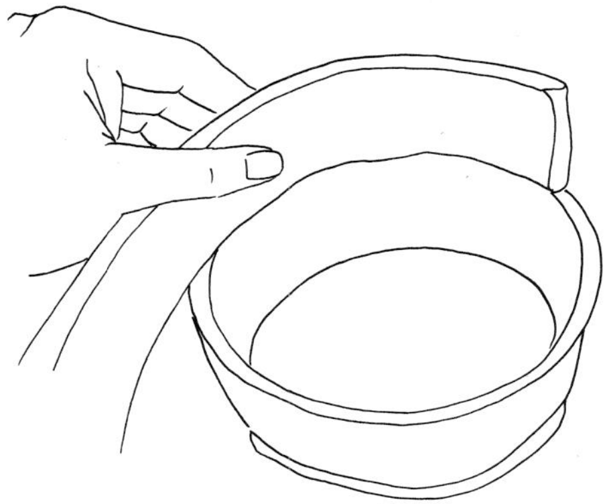

4

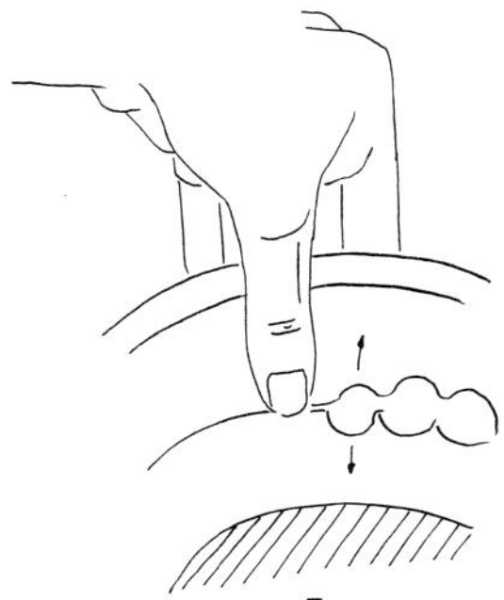

5

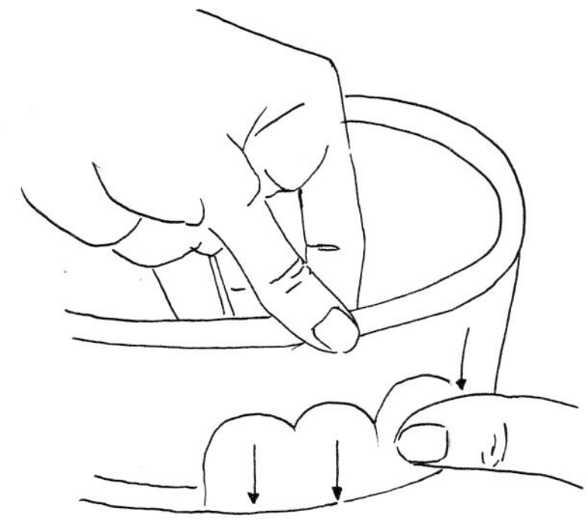

6

Das Gefäß wird durch den Nylonfaden oder Blumendraht von der Töpferscheibe getrennt, indem man den gespannten Draht flach zwischen Boden und Unterlage hindurchzieht. Zum Trocknen das Gefäß mit einer Zeitungsunterlage auf die Eternitplatte stellen und mit einem Plastiksack leicht dekken. Unfertige Gefäße mit einem feuchten Baumwolltuch und einem Plastiksack gut zudecken.

Die Gefäße zum Trocknen nicht an die Sonne stellen oder in der Nähe eines warmen Ofens aufbewahren, sonst entstehen Risse.

Die **Unterglasurfarbe** ist in Pulverform oder bereits angerührt erhältlich. In der Keramikwerkstätte können Muster der Farbkollektion eingesehen werden. Interessanter, aber zeitraubender sind eigene Farbmuster. Man stellt Täfelchen aus Ton her, um darauf eigene Farbmischungen auszuprobieren. – Picasso hat Tonscherben aus den Abfällen der Töpfer von Vallauris bemalt, die dann zu Fächern und Masken wurden.

Die Farben lassen sich nicht leicht streichen, da ihre Flüssigkeit vom Ton sofort aufgesogen wird. Deshalb sollte man nicht zu feine Ornamente und Motive planen. Auch lassen sie sich nicht überstreichen, wenn die erste Ausführung nicht zufriedenstellend ist. Die untere Farbe schimmert nach dem Rohbrand wie beim Aquarellieren wieder durch. Das könnte aber auch beabsichtigt werden. Reizvoll kann auch das Miteinbeziehen der Farbe des Tons sein. Übungen mit dem Pinsel auf Papier sind nützlich *(Zeichnung 8, 9 usw.).*

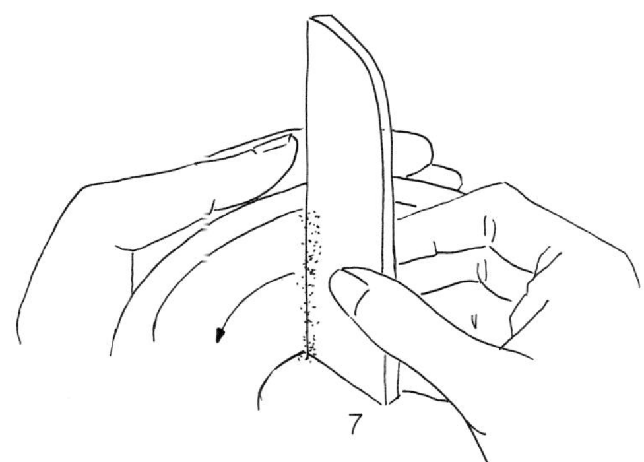

7

8

9

Ornamente und Strukturen sind in der Natur, auf Textilien, Schmuck usw. zu finden. Sie entstehen durch das Wiederholen und Aneinanderreihen eines gefundenen Motives.

Trommel und Bongo

Vor 4000 Jahren haben die Menschen in Mesopotamien und Ägypten Trommeln gezeichnet – das sind die frühesten Hinweise auf das Vorkommen dieses Instrumentes.
Seit dem 18. Jahrhundert wird die Trommel in Orchestern und bei militärischen Anlässen gebraucht.
Die Tontrommel diente in Japan in der Hofmusik, als Volksmusikinstrument in Bengalen, Neuguinea, Afrika, Indonesien, Java und Bali.

Geläufige Namen der Tontrommeln sind:
Standfußtrommel *(Zeichnung 1)*
Bechertrommel *(Zeichnung 2)*
Sanduhrtrommel *(Zeichnung 3)*
Langtrommel *(Zeichnung 4)*
Die Trommel wird oben und unten, das Bongo nur oben mit Fell, Ziegenhaut oder Schweinsblase bespannt.

Materialliste:
Ton: Schamotten- oder Töpferton
Ziegenhaut oder Schweinsblase
Farbige Garne, Schnüre oder Lederbändel

Werkzeug:
Drehscheibe
Teigschaber oder Restholzstücke für die Formgebung
Schere
Lochzange
Langer Stoffstreifen (zum provisorischen Festbinden der gespannten Haut)

Ziel:
Bau eines einfachen Instrumentes.

Arbeitsanleitung
Die Herstellung des Gefäßes ist die gleiche wie bei der Aufbaukeramik (siehe vorhergehendes Kapitel). Auch die Trommel kann mit Unterglasurfarbe bemalt und anschließend glasiert werden. Sie kann aber auch gleich nach dem Rohbrand bespannt werden.
Die Ziegenhaut eignet sich für alle Trommeln. Sie ist durch eine Gerberei zu beziehen. Schweinsblasen sind in Schlachthöfen gratis erhältlich und eignen sich für kleinere Trommeln.
Die Haut auf die Trommel legen und rundum, mit 2 – 3 cm Zugabe, zuschneiden. Mit der Lochzange, nicht zu nahe am Rand, eine gerade Anzahl Löcher in Abständen von ca. 3 cm stanzen. Die Haut in ein Wasserbad einlegen. In dieser Zeit die benötigte Länge Garn oder Lederriemen zuschneiden. Das Bespannen kann auf verschiedene Weise vorgenommen werden *(Zeichnung 5, 6, 7)*.
Die Bändel in die Löcher der Haut einführen und zwei/drei Personen bitten, die Haut straff über die Trommel zu ziehen *(Zeichnung 5)*.
Dabei die Riemen kreuzweise anspannen. Wenn das Fell gespannt ist, kann ein Stoffstreifen rund um den abstehenden Rand gebunden werden. Dieser bewirkt, daß der Rand auch in trockenem Zustand am Gefäß anliegt.
Wenn die ersten Trommelschläge nach dem Trocknen dumpf und klanglos tönen, ist die Haut ungenügend straff gespannt und muß neu ins Wasserbad eingelegt und aufgezogen werden.

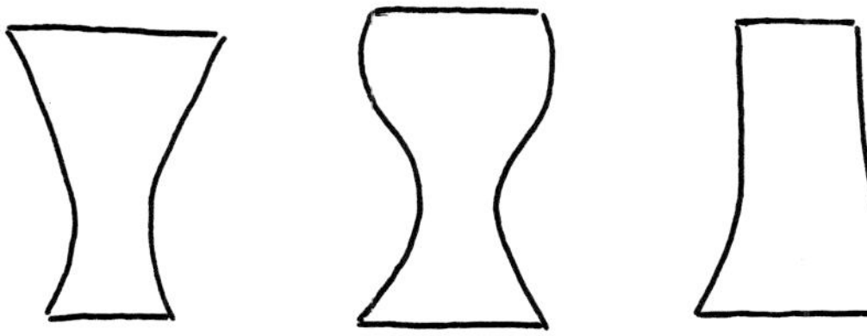
1

5

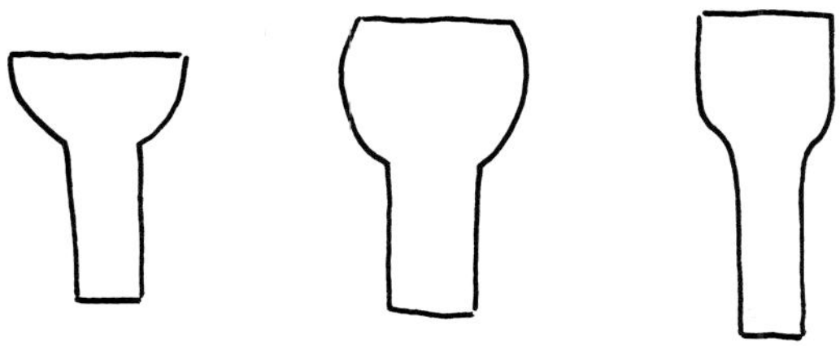
2

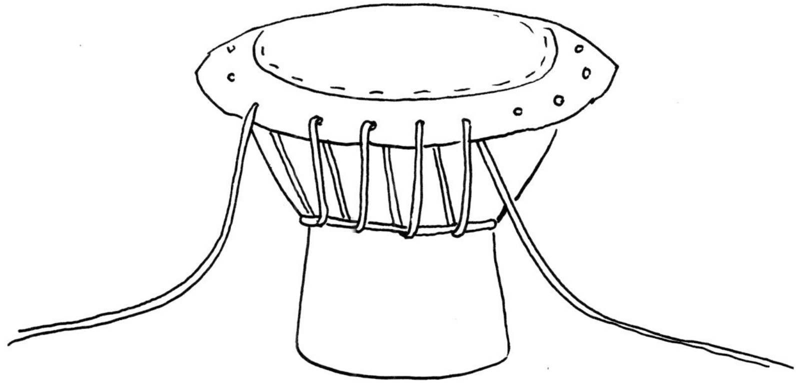
6

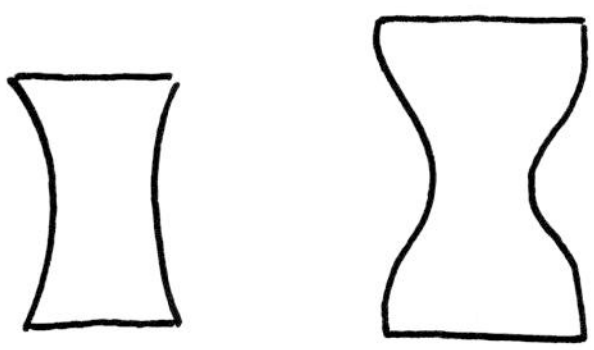
3

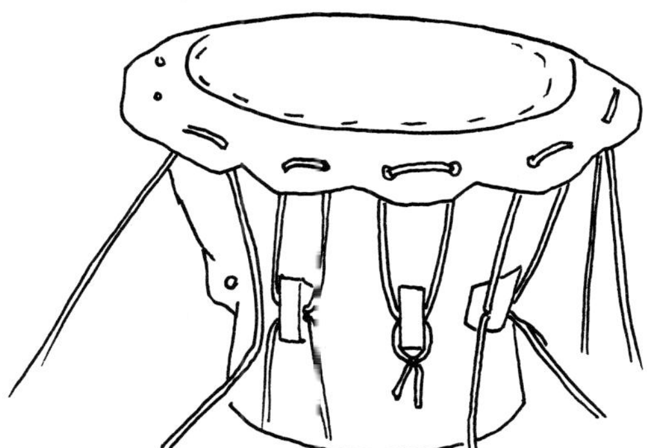
7

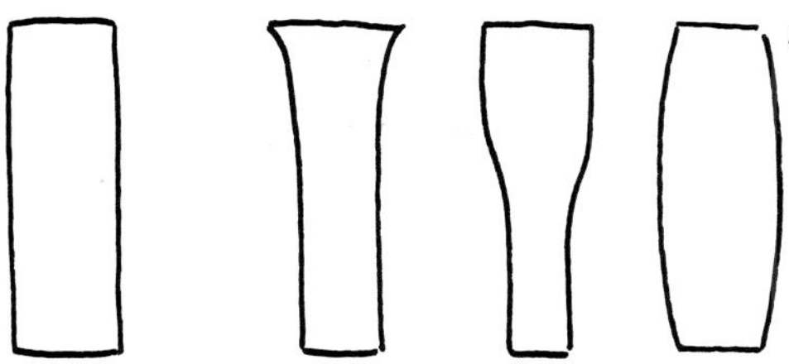
4

Stabpuppen

«Wayang-Golèk» heißen die aus Holz geschnitzten Stabpuppen aus Java und Bali. Sie dienen – wie die Schattenfiguren – für Theateraufführungen. Prinzessinnen-Figuren sind schlank und haben weiße Gesichter (siehe Abbildung). Dämonendarstellungen sind derber, knolliger.
Ihr Torso ist durchbohrt, der darin drehbare Stab steckt im Hals. Ober- und Unterarme sind mit Schnur lose aneinandergeknüpft. An den Händen ist je ein Führungsstab festgeknotet.
Es besteht auch die Möglichkeit, Stab- und Handpuppe zu kombinieren, indem die Hände wohl an Stäben geführt würden, der Kopf hingegen auch mit dem Zeigefinger gehalten werden könnte. Diese «Stabpuppen» hätten dann keinen festen Oberkörper, könnten aber deshalb den Kopf auch senken.

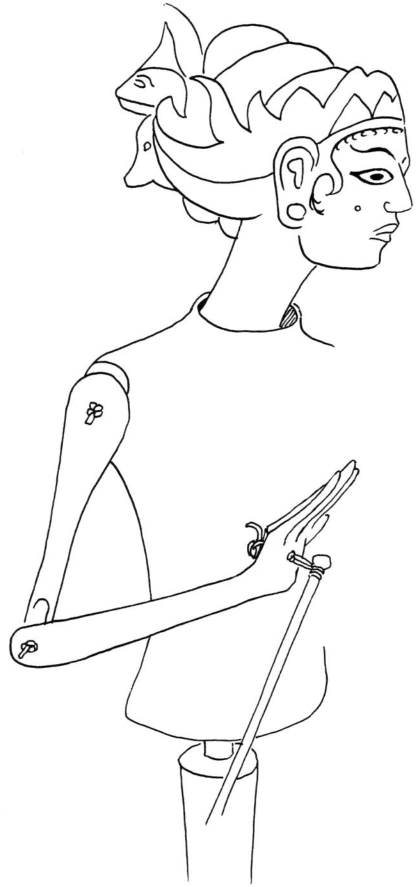

Materialliste:
Weißer (oder roter) Töpferton
Rundstäbe (6 mm für die Hände, 8 – 10 mm für den Körperstab)
Holzunterlage (Standfläche) von mindestens 13 x 13 cm, ca. 2 cm dick
Weißleim
Stoff
Stopfwatte oder Schaumgummimatte
Garne, Wolle, Bänder (Reste)
Nähfaden
Eventuell Acrylfarbe

Werkzeug:
Drehscheibe
Modellierhölzer
Bohrmaschine in der Standfläche (für das Einsetzen des Körperstabes)
Nähnadel

Ziel:
Menschen und ihre Gesten beobachten.
Eine Stabpuppe formen und gestalten sowie ihr Ausdruck geben.
Proportionen erarbeiten.
Hände in verschiedenen Stellungen, je nach Charaktertyp, gestalten.

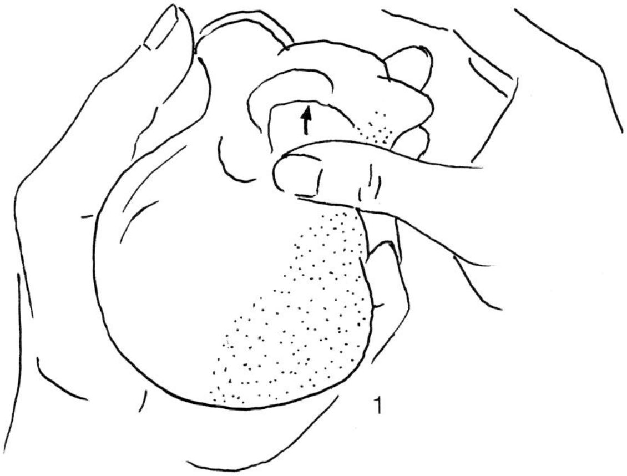
1

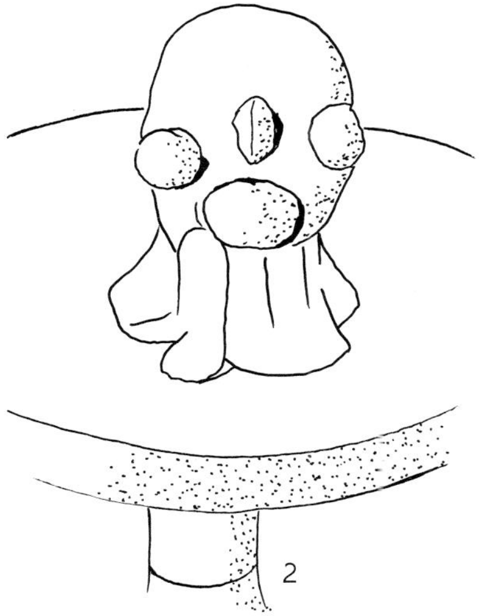
2

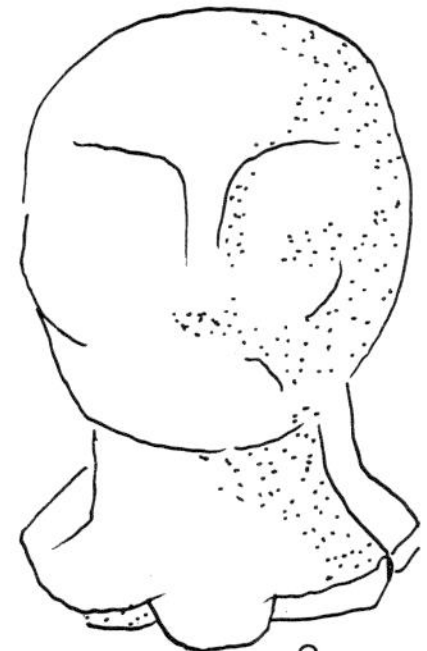
3

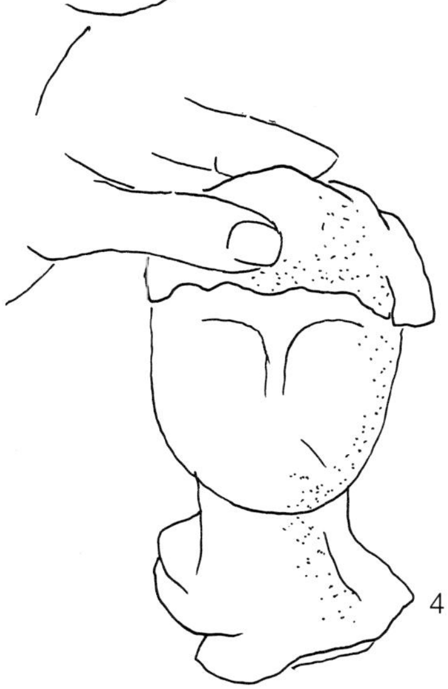
4

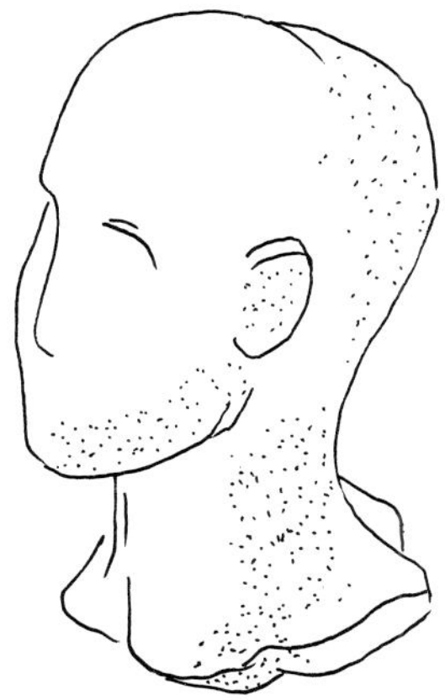
5

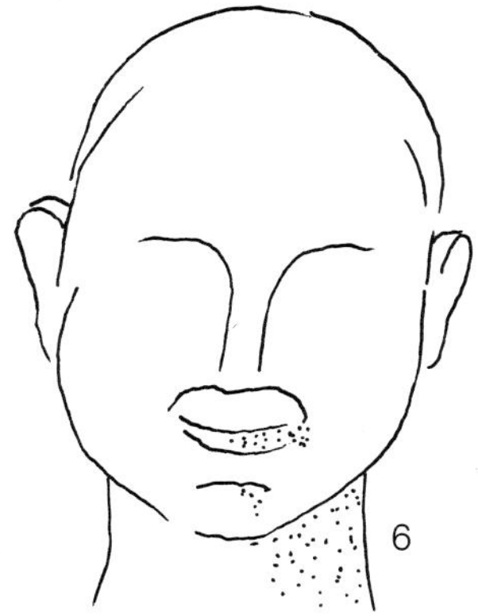
6

Arbeitsanleitung

Den Ton, etwa faustgroß, gut durchkneten, um Lufteinschlüsse zu vermeiden.

Den **Kopf** eiförmig zurechtballen und Unebenheiten oder überschüssigen Ton gegen den Hals hin verstreichen *(Zeichnung 1).*

Die Kopfform auf die Drehscheibe setzen und Kinn, Nase und Wangenknochen ansetzen *(Zeichnung 2).* Die Knollenformen gut verstreichen *(Zeichnung 3).* Eventuell die Stirne erhöhen durch Ansetzen von Ton, um Volumen zu gewinnen *(Zeichnung 4).* Den Hinterkopf dazu ergänzen. Das Ohr sitzt zwischen Kieferende und Augenbrauenhöhe *(Zeichnung 5).* Ein Stück Ton für den Mund ansetzen *(Zeichnung 6).* Mit einem Modellier-

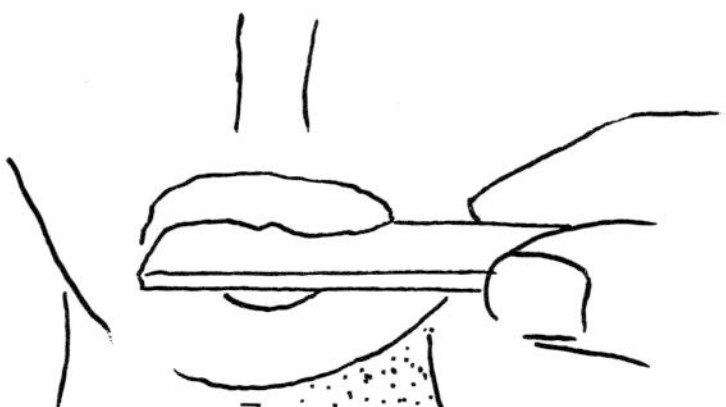

7

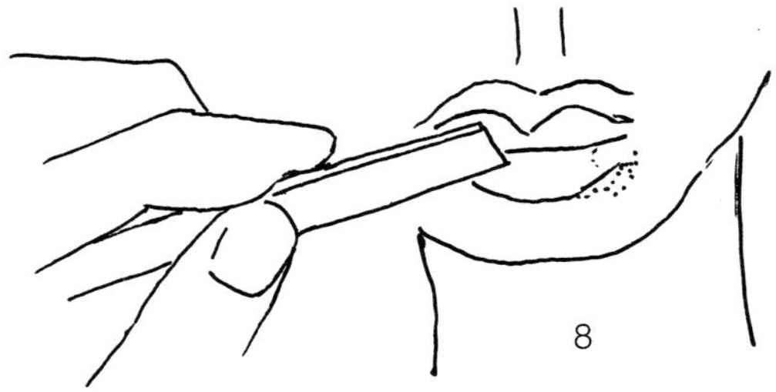

8

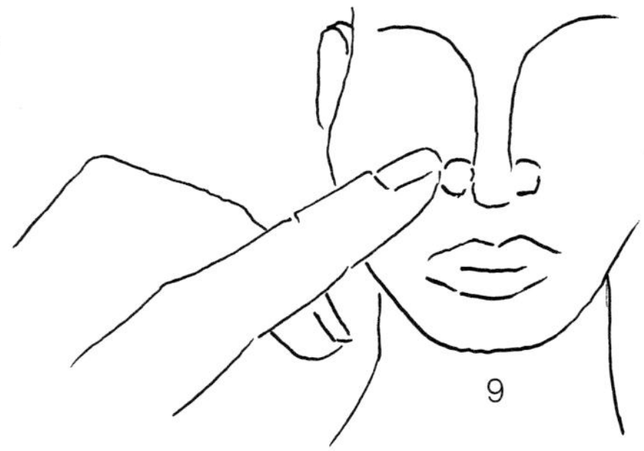

9

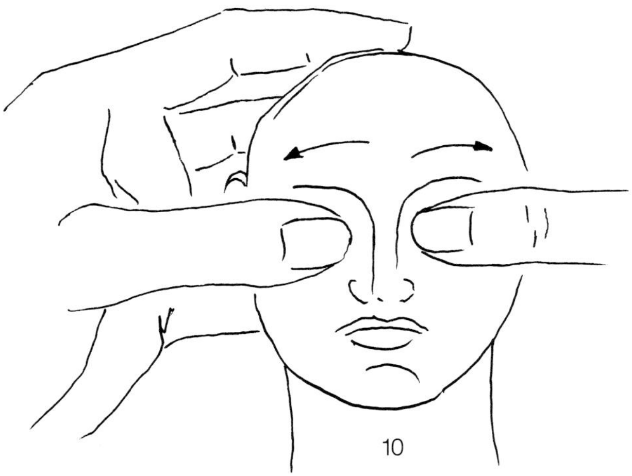

10

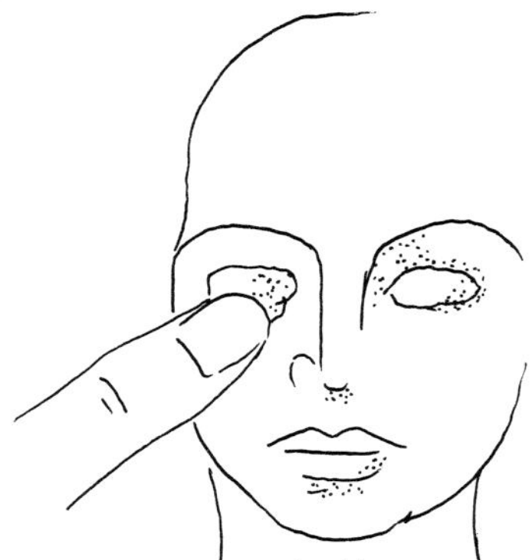

11

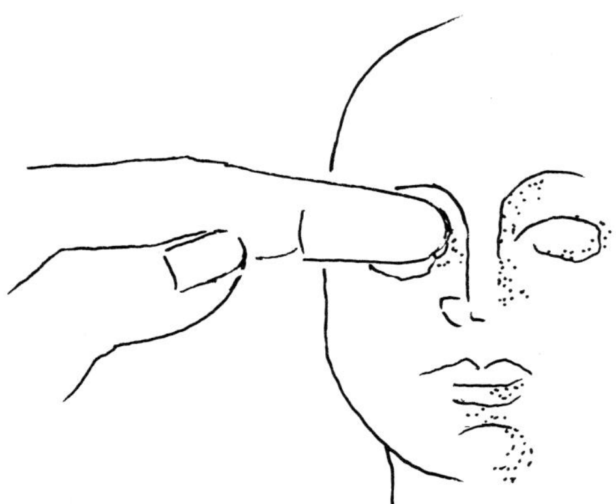

12

holz die Lippen formen *(Zeichnung 7 und 8).* Für die Nasenflügel und die Nasenspitze wieder Ton ansetzen und verstreichen *(Zeichnung 9).* Die Augenhöhlen mit beiden Daumen andrücken und über die Wangenknochen streichend wegführen *(Zeichnung 10).* Die Augenlider, die Augäpfel mit Tonklümpchen ansetzen *(Zeichnung 11)* und (eventuell) mit dem Fingernagel des Zeigefingers präzisieren *(Zeichnung 12).* Den Kopf auch immer wieder im Profil betrachten und mit dem Modellierholz die Augen formen *(Zeich-*

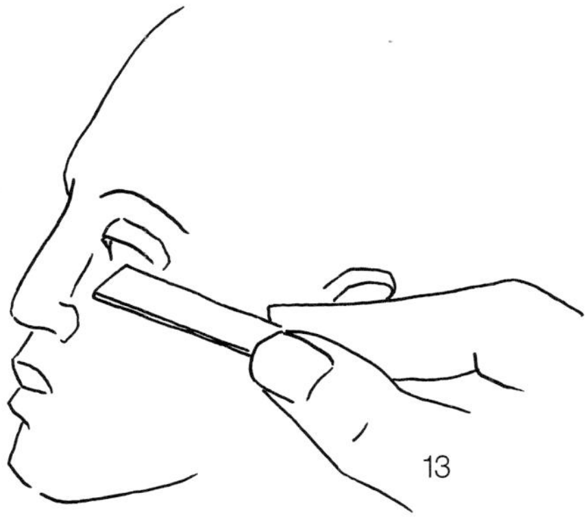

13

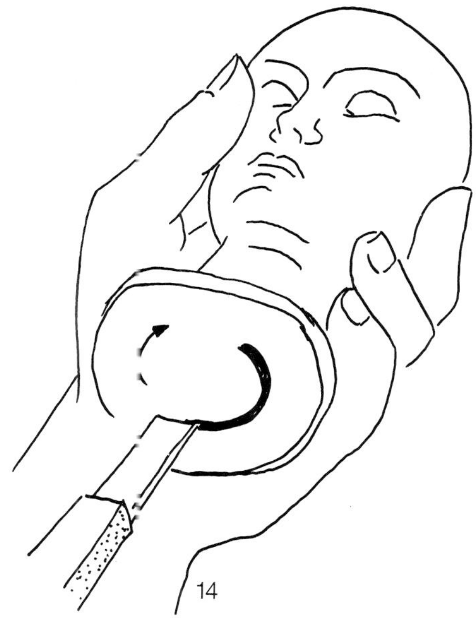

14

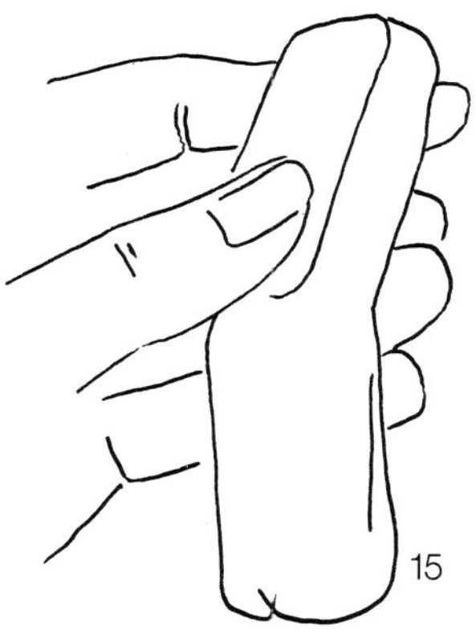

15

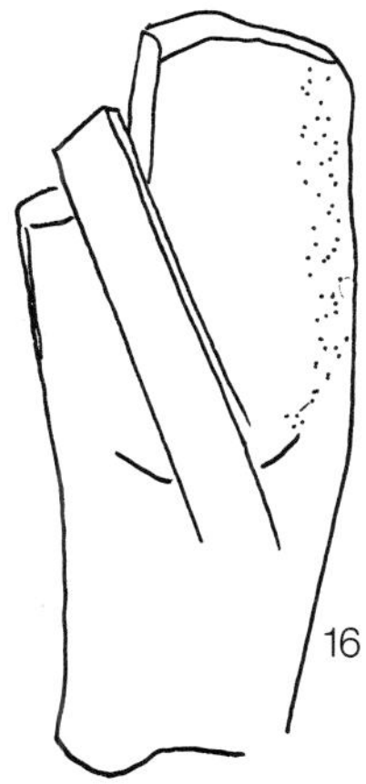

16

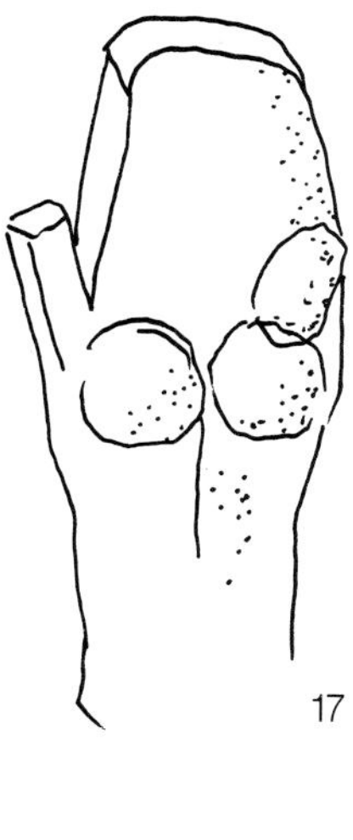

17

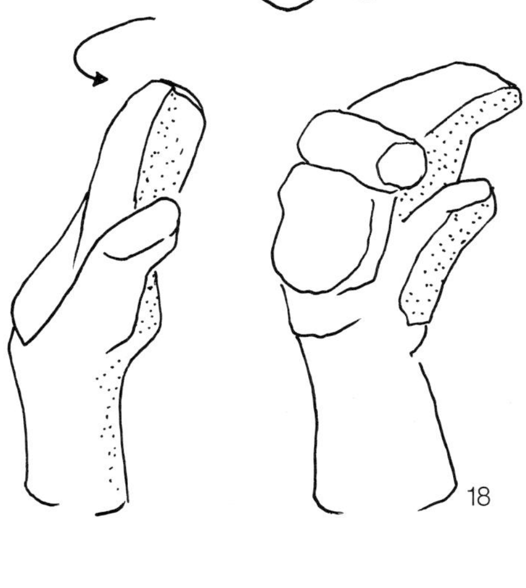

18

nung 13). Wenn die Kopfform vollendet ist, wird sie ausgehöhlt. Das Messer von unten in den Hals stecken, den Ton herausdrehen und mit dem Messer herausbefördern *(Zeichnung 14).* Den Kopf auf eine mit Zeitungspapier belegte Fläche zum Trocknen stellen.

Die **Hände** mit einer gedrehten Tonwurst beginnen, welche oben (= Handrücken) flachgedrückt wird *(Zeichnung 15).* Mit dem Modellierholz oder Messer den Daumen von der Handfläche lösen *(Zeichnung 16).* Die Handinnenfläche mit Tonklümpchen «polstern» (= Daumenballen) *(Zeichnung 17).*

Die Hand drehen und den Handrücken, durch Tonwülste ergänzend, aufmodellieren *(Zeichnung 18).* Mit dem Messer erneut die nötigen Flächen schneiden und die Kanten formen *(Zeichnung 19).* Ebenfalls mit dem Messer die Finger andeutungsweise trennen *(Zeichnung 20)* und in ihre Länge schneiden *(Zeichnung 21).* Wenn die Finger geschnitten sind, kann man sie durch Zusammendrükken verjüngen und wieder etwas verlängern. Fingergelenke hagerer Menschen dürfen etwas mehr hervortreten; sie können durch Ansetzen von weiteren Tonklümpchen ergänzt werden *(Zeichnung 22).* Die Hand wird so lange geformt und gedreht, bis sie als solche erkenntlich ist *(Zeichnung 23).*

Zum Schluß wird der zugespitzte Rundstab in das Handgelenk oder den Arm hineingebohrt und zum Trocknen wieder entfernt. Nach dem Brand muß der Rundstab neu eingepaßt werden, weil der Ton um 10 % schwindet.

In einem etwa 2 – 3 cm dicken und mindestens 13 cm langen und 13 cm breiten Holzboden wird ein Loch für den Körperstab gebohrt, dazu je eines für die Rundstäbe der Hände.

Wenn Kopf und Hände gebrannt sind, kann die Figur «angezogen» werden. Das Kleid am Hals und an den Armen mit Weißleim befestigen. Die Schultern können, mit Schaumgummipolstern oder mit Stopfwatte angedeutet, unter dem Kleid festgenäht werden. Mit Überhängen, Shawls oder durch Knöpfe wird der Nähfaden versteckt.

Mit Acrylfarbe läßt sich auch gebrannter Ton gut bemalen.

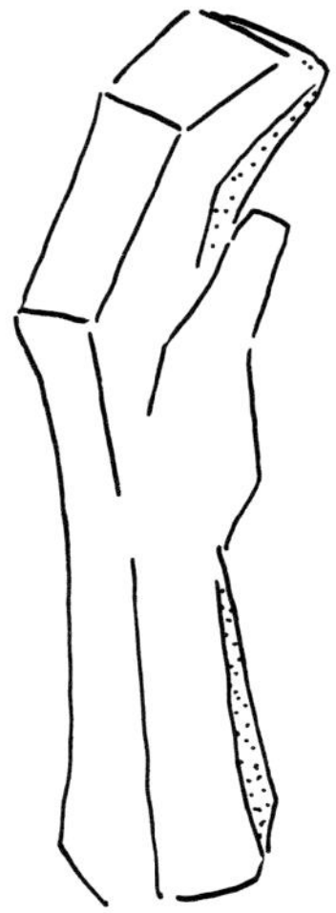

19

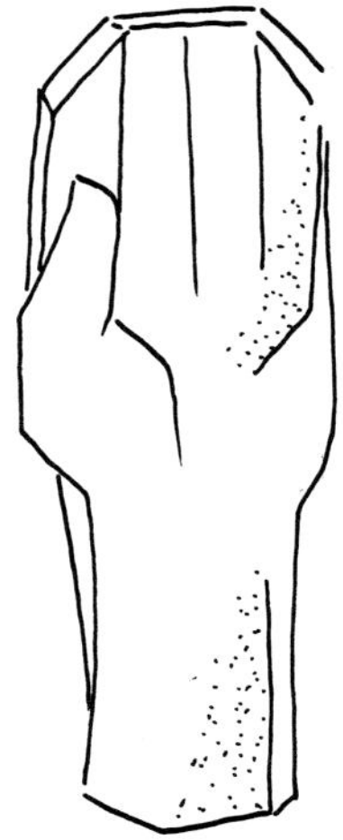

20

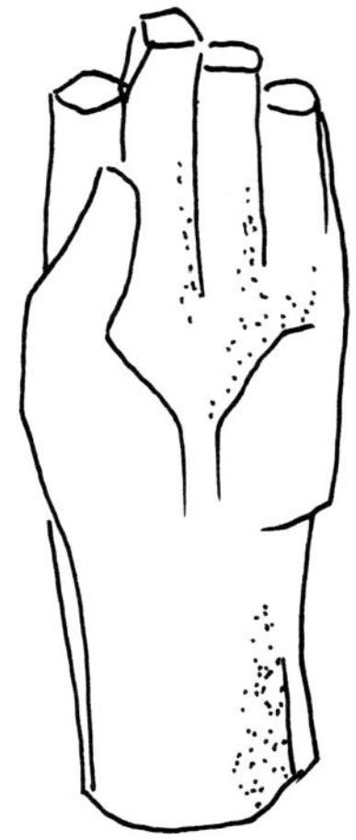

21

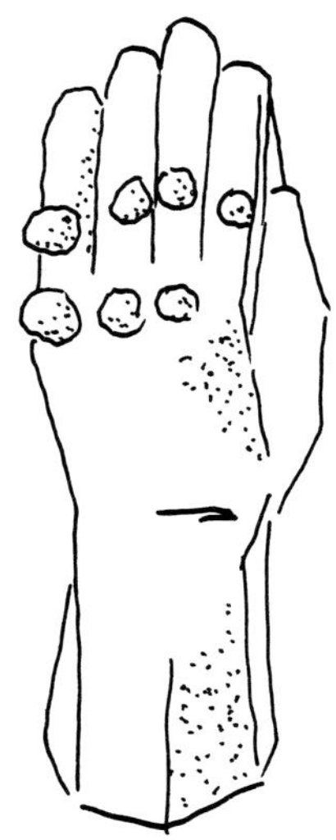

22

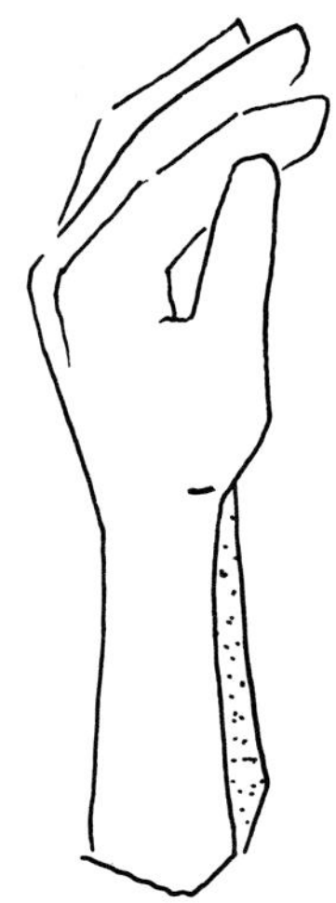

23

Gibt man der Puppe einen zu ihr passenden Gegenstand in die Hand (Fächer, Notenblatt, Buch, Brille usw.), wirkt sie «lebendiger».

Masken

Bei Naturvölkern ist die künstliche, hohle Gesichtsform Beschwörungsmittel. In der Antike wurde sie von Schauspielern zur Kennzeichnung ihrer tragischen oder komischen Rolle getragen.
Die **Bühnenmaske** wird vom Maskenbildner für eine bestimmte Rolle durch Schminke und Perücke gestaltet, und dann gibt es noch die **Karnelvalsverkleidung,** die Larve.

Materialliste:
Vaseline
Gipsbandagen «Fixona», 4 cm/6 cm breit
(ca. 1 Rolle für eine einfache Maske)
Bademütze oder Tuch
Waschlappen
Spiegel
Halbkarton
Elastisches Gummiband
Acrylfarben (eventuell auch Leuchtfarben, Colorpasta)

Werkzeug:
Schere
Pinsel
Ahle

Ziel:
Das eigene Gesicht verwandeln und gestalten.
Die Bemalung zweckentsprechend planen und ausführen.

Arbeitsanleitung
Die Bademütze aufsetzen und den Haaransatz gut zudecken.

Die «Halbmaske» ermöglicht dem (Schau-)Spieler das Sprechen. Die «Vollmaske» ist eher für Pantomimen und tänzerische Vorführungen geeignet.

Sich mit Vaseline dick-deckend einsalben. Augenbrauen, Kinn und Kieferpartien nicht vergessen.
Bitte, nur Vaseline verwenden! Alle anderen Gesichtssalben haben andere Funktionen. Vaseline zieht nicht in die Haut ein. Eine Gipsbandagemaske läßt sich deshalb leicht wieder entfernen.

Die Fixona-Gipsbandage in ungefähr 8 – 9 cm lange Stücke schneiden, kürzere Stücke bereitlegen für die Nasenscheidewand zwischen den Nasenlöchern *(Zeichnung 1).*
Ein Becken mit warmem Wasser füllen und sich mit Wasserbecken und Gipsbandagen vor den Spiegel begeben.
Ein Gipsplätzchen im warmen Wasser aufweichen, abtropfen lassen und auflegen *(Zeichnung 2).*
Weitere Lagen dicht überdeckend geben. Augen und Nasenlöcher nicht decken! Jedes aufgelegte Stück beim Anschluß an das nächste gut verstreichen – die Mühe lohnt sich der Bemalung wegen.
Nach diesem Vorgang taste man vorsichtig im ganzen Gesicht nach noch weichen Stellen. Diese mit einer weiteren Lage überdekken.
Sobald die Maske hart genug ist, ist sie auch stabil und bereit zum Abnehmen. Dabei hilft Nasenrümpfen, Wangenaufblasen, Stirnrunzeln, usw.

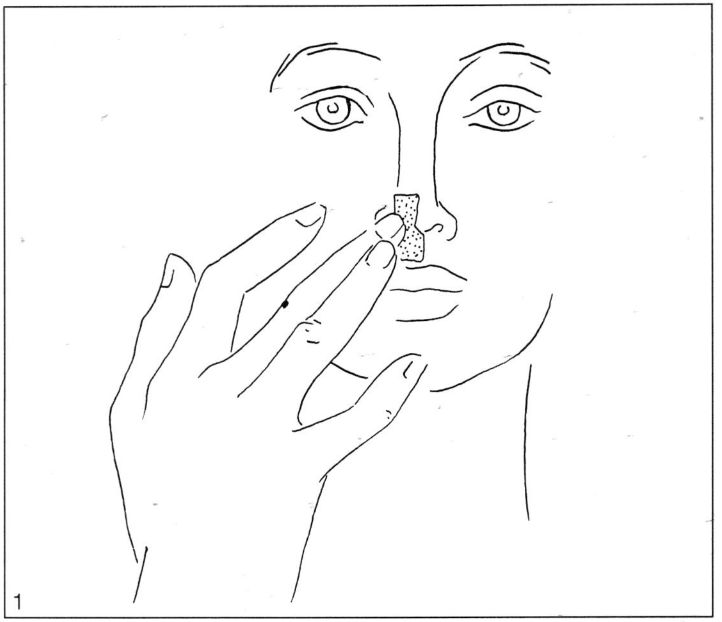
1

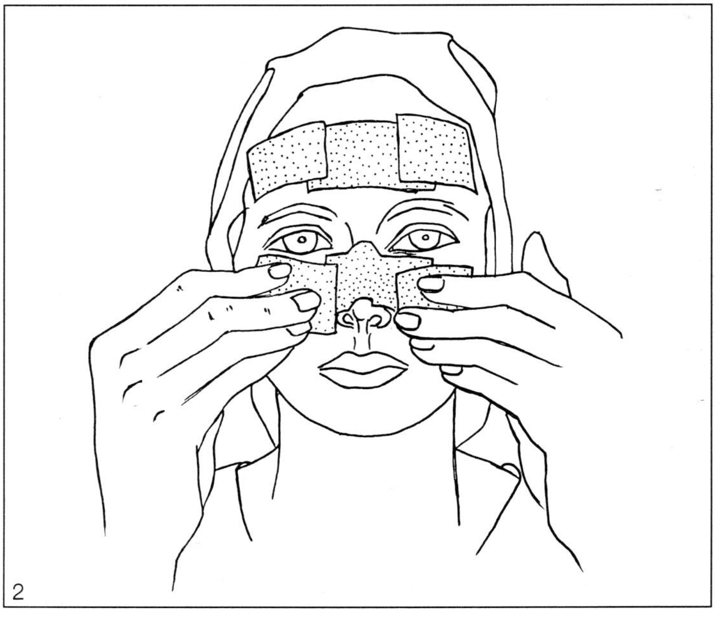
2

1 Kleine Gipsbandagestücke für die Nasenscheidewand verwenden.
2 Mehrere Schichten übereinander legen.
3 Den Rand mit Gipsbandageplätzchen säumen.
4 Ein Ohr aus Halbkarton kann auf diese Weise geleimt und mit Gipsbandage befestigt werden.

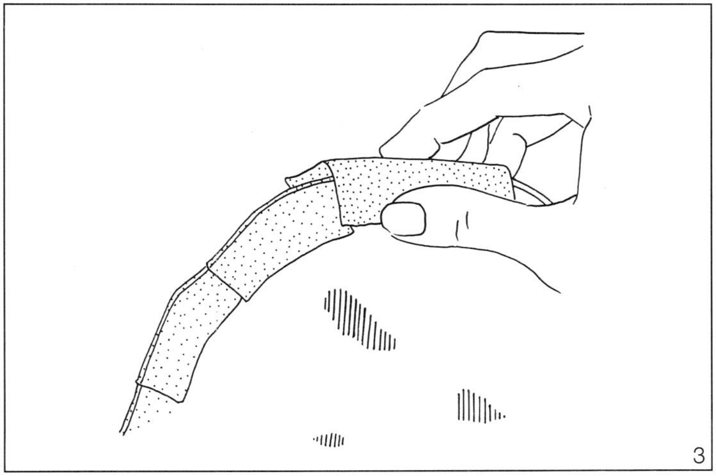

3

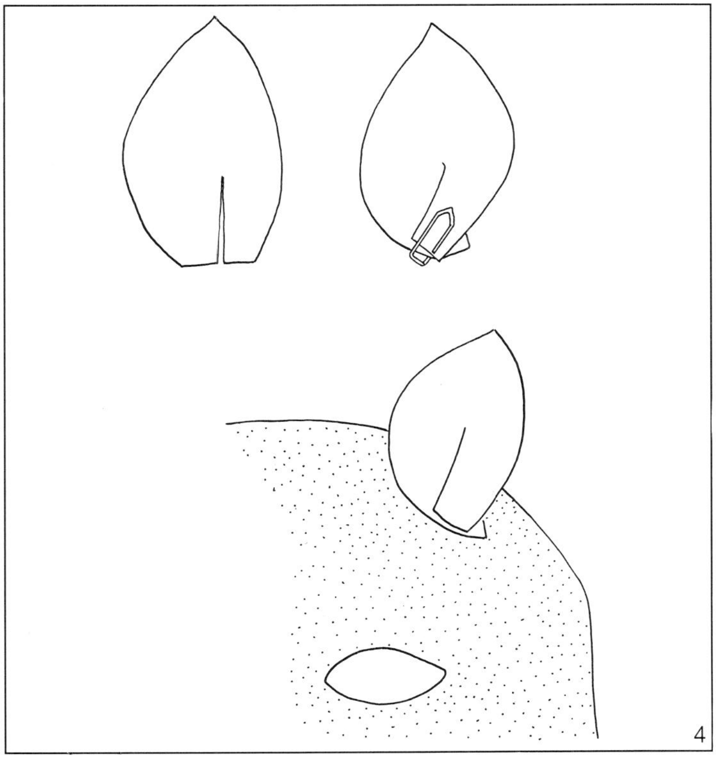

4

Nach der Reinigung des eigenen Gesichts die Maske mit der Schere am Rand ausgleichen. Mit zusätzlichen Gipsplätzchen den Rand «säumen», das heißt, reihum ein Plätzchen nach dem andern zur Verstärkung anbringen *(Zeichnung 3).*
Anschließend folgt die Entscheidung, ob die Maske dekorativ bemalt werden soll oder ob ein Weiterbauen interessanter wäre.
Aus Halbkarton lassen sich Ohren, Blütenblätter, Nasenvorbauten und anderes bilden *(Zeichnung 4).*

Abbildung 5 ist für eigene Entwürfe gedacht.
Alle Halbkartonvorbauten sind mit Gipsbandagen einfach zu fixieren. Auch diese sollten sorgfältig verstrichen werden.
Vor der Bemalung empfiehlt sich die Trocknungszeit von etwa einer Nacht.
Masken wirken kräftiger, wenn sie symmetrisch bemalt sind. Reizvoll können leichte Verschiebungen von Augenhöhe, Brauen oder aufgesetzten Ohren sein. Teilweise hilft eine Kontur zur Betonung der Augen oder als Einfassung der Ohren (dieser Hinweis ist nicht allgemein gültig, eine Kontur kann auch eine zarte Farbe beeinträchtigen).
Nach der Bemalung die Maske mit Acryllack oder Spraylack fixieren und schützen.

Um die Maske tragen zu können, muß mit der Ahle ein Loch ungefähr auf Augenhöhe für das Gummielastband gebohrt werden *(Zeichnung 6).* Auf der Innenseite einen Korkzapfen andrücken und die Ahle mit Drehbewegungen vorwärtsstoßen.
Den Knopf des Gummibandes auf der Außenseite anbringen, sonst drückt er gegen die Schläfen

5

5 Silhouetten für eigene Entwürfe.
6 Mit der Ahle ein Loch für das Gummiband stechen.

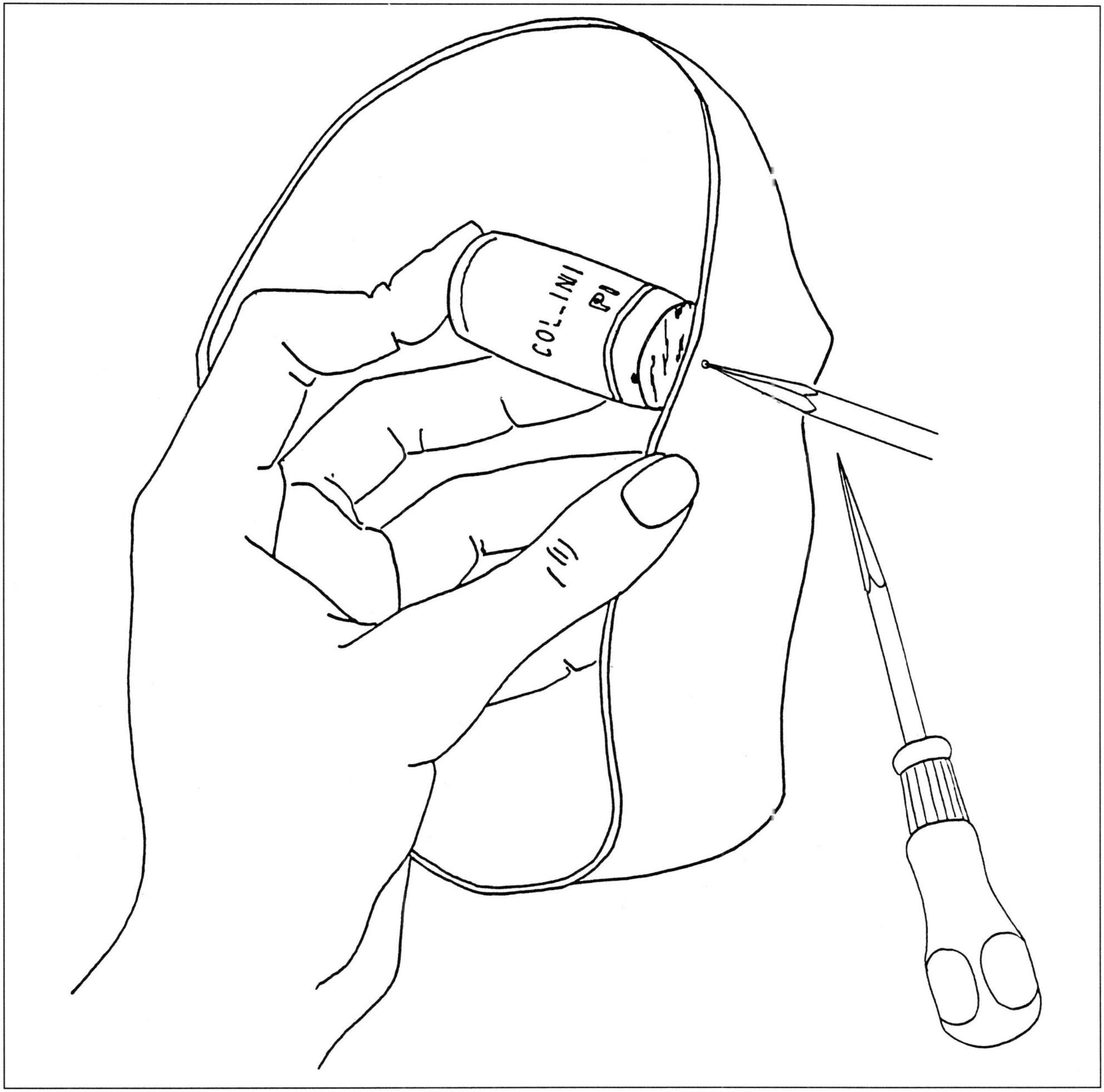

Schmuck

Zinn wird aus Zinnstein gewonnen und kommt vorwiegend aus Malaysia, China, Thailand und Indonesien.
Verwendet wird Zinn für Orgelpfeifen, Geschirr, Spielsoldaten etc., zur Herstellung von Stanniol und Weißblech. Zinnsalze dienen in der Färberei und zur Emailherstellung.
Zinn für Schmuck sollte aus Gesundheitsgründen **bleifrei** sein.

Materialliste:
Zinnstangen (Anzahl je nach Bedarf)
Gipspulver
Kartonreste
Glatte Unterlage (Glasreste oder Plastiktaschen)
Feiner Draht (Blumendraht)
Klebeband
Silberdraht, 1 mm/1,5 mm
Eventuell Glasperlen

Werkzeug:
Spitzes Messer
Alte Gußeisenpfanne
Ausgedienter Löffel
Alte Schere
Rund- und Schneidezange
Drillbohrer

Ziel:
Gußformennegative herstellen und lernen, sich diese positiv vorzustellen.
Ein individuelles Schmuckstück planen, gestalten und ausführen.
Materialgrenzen entdecken.

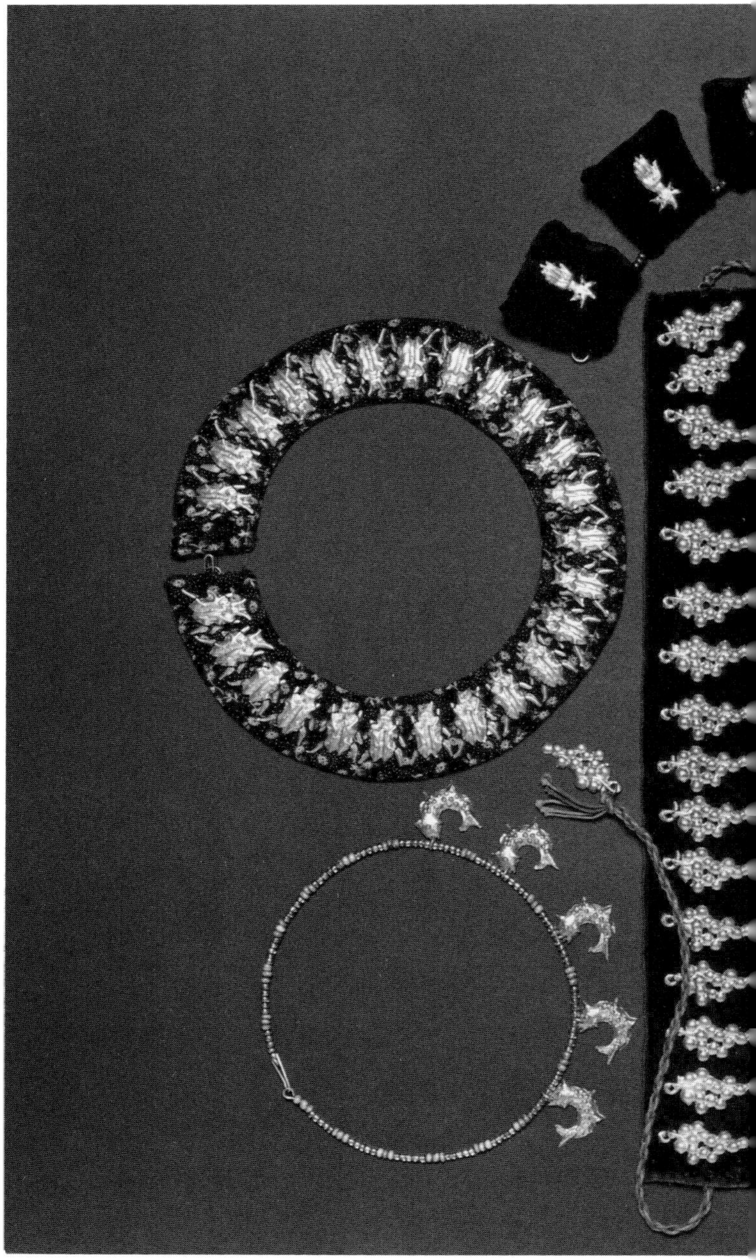

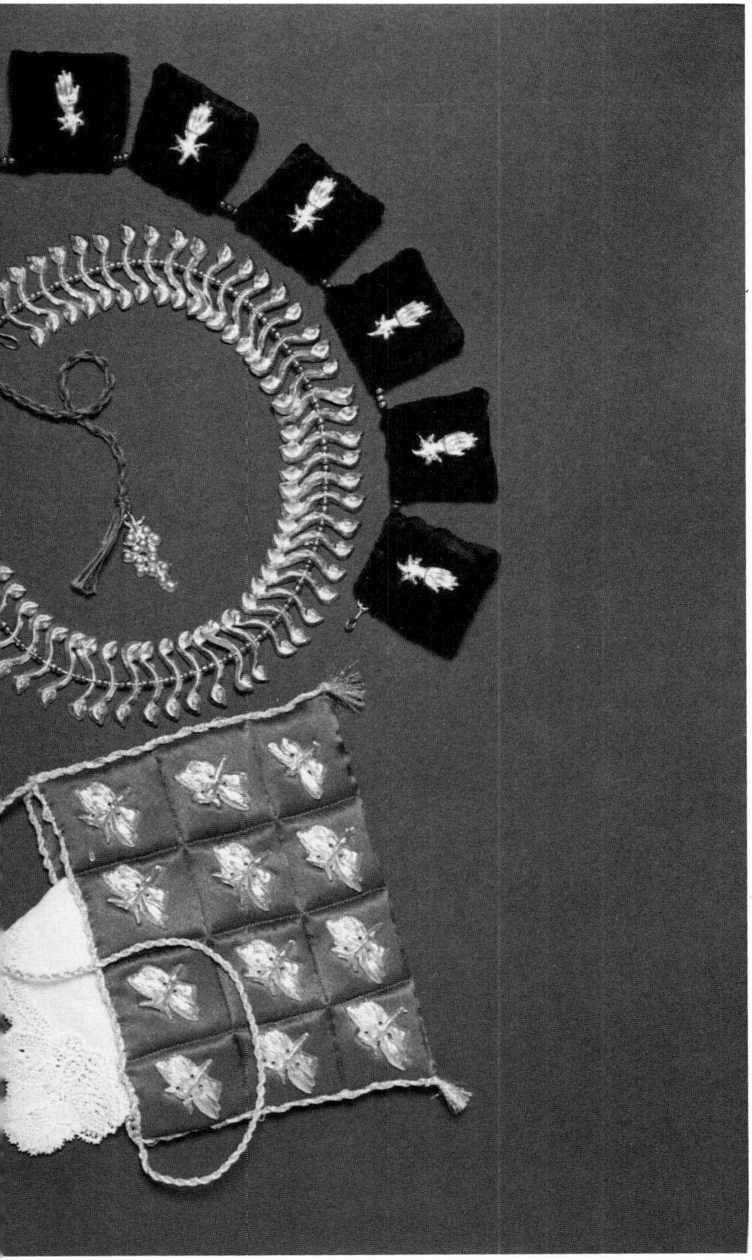

Arbeitsanleitung

Aus acht gleichformatigen Kartonstreifen zwei quadratische Rahmen herstellen. Diese an ihren Ecken mit Klebeband zusammenheften. Die beiden Rahmen mit Klebeband auf einer glatten Unterlage derart festkleben, daß kein flüssiger Gips entweichen kann *(Zeichnung 1)*.

Einen leeren Yoghurtbecher mit etwa 3 cm Wasser füllen und Gips dazu mischen. Die Masse umrühren bis sie etwa so dick ist wie Yoghurt. Diesen Brei in die zwei vorbereiteten Kartongefäße gießen. Sobald der Gips hart geworden ist, müssen die Kartonstreifen entfernt werden, damit er gut austrocknen kann (ca. 1 Tag lang). Einfache, zusammenhängede Formen entwerfen, Stiele von Früchten oder Blättern untereinander verbinden, linear zeichnen (Beispiele *Zeichnung 2)*. Der aufzuhängende Teil (Stiel, Griff, Kopf, Flügel) sollte so breit entworfen werden, daß der Drillbohrer mit dem 1 mm-Einsatz später genügend Angriffsfläche hat.

Das gewählte Motiv auf die glatte Seite in eine Ecke des Gipsmodells zeichnen. Mit dem spitzen Küchenmesser sanft den Konturen nach kratzen und anschließend die Innenform ausschaben. Wenn die Form ca. 3–4 mm tief ist, müssen Luftleitungen eingekratzt werden. Diese sind notwendig, damit die Luft beim Eingießen von Zinn entweichen kann. Luftleitungen nicht nach unten richten, sonst läuft Zinn aus. Bei der Eingußstelle eine Trichterform graben, welche später an der positiven Form wieder weggeschnitten wird *(Zeichnung 3)*. Die Öffnung muß gegen oben größer werden und auf der Kante der Gipsform so groß sein, daß es möglich ist, den flüssigen Zinn von dem Löffel hineinzu-

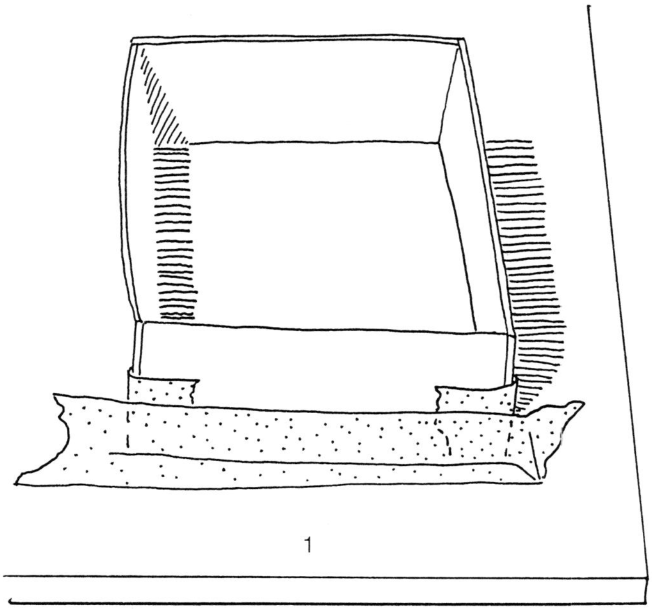
1

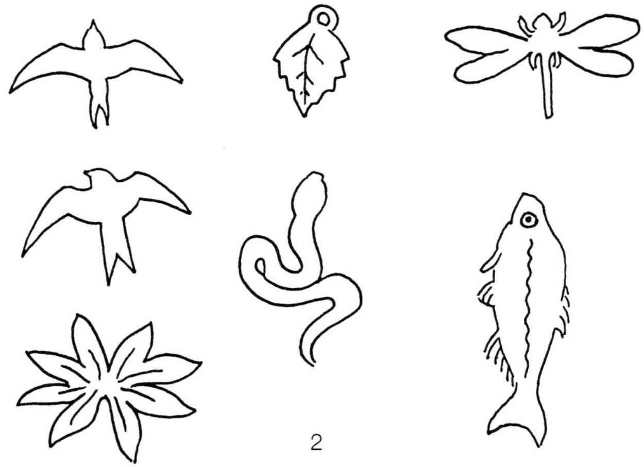
2

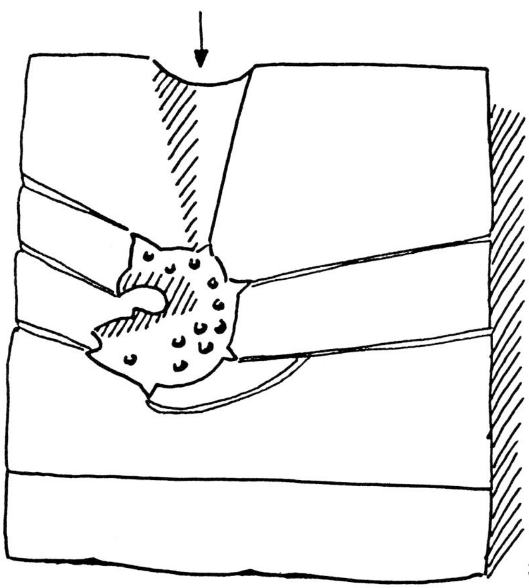
3

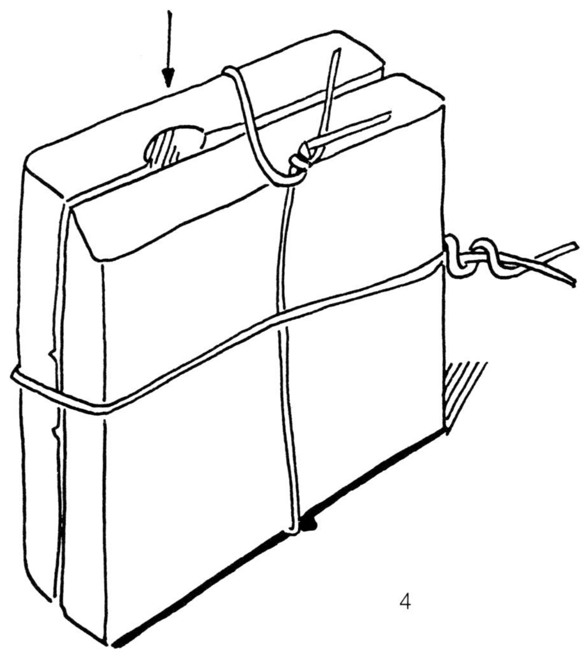
4

leeren. Während der Zeit des Kratzens kann die Pfanne mit den gebogenen Zinnstangen erwärmt werden. Die Negativform wird mit dem zweiten Gipsklotz durch Draht fest zusammengebunden und ist für den Guß bereit *(Zeichnung 4).* Die Pfanne etwas anheben, den Löffel mit flüssigem Zinn füllen und diesen in die bereitgestellte Gußform leeren. Als Unterlage eignet sich eine harte Kunststoff- oder Eternitplatte.

Falls der erste Guß nicht gelingt, fehlt es an Luft oder an Tiefe der Negativform. Die mißratenen Stücke können wieder eingeschmolzen werden.

Empfehlung: Die Stücke nicht in die Pfanne werfen, Zinnspritzer schmerzen auf der Haut so heftig wie heißes Öl.

Mit dem Drillbohrer die nötigen Löcher zur Befestigung des Anhängers bohren. Die Teile können aufgenäht oder mit Silberdrahtösen an einem Reifen/Lederband aufgehängt werden. Verschlüsse, Ohrclipse, Ohrnadeln, Broschenhalter dazu sind käuflich. Drahtösen werden mit der Rundzange hergestellt *(Zeichnung 5).* Man klemmt das Drahtende mit der Rundzange fest und dreht dabei die Hand mit der Rundzange nach vorne. Ist die Wicklung fertig, wird die Öse mit der Spitze der Rundzange festgehalten und durch Drehbewegungen vom Draht getrennt.

Mit Hilfe einer zweiten Rund- oder Flachzange die Öse so weit öffnen, daß das Schmuckstück hineingehängt werden kann. Die Öse wieder mit beiden Zangen schließen.

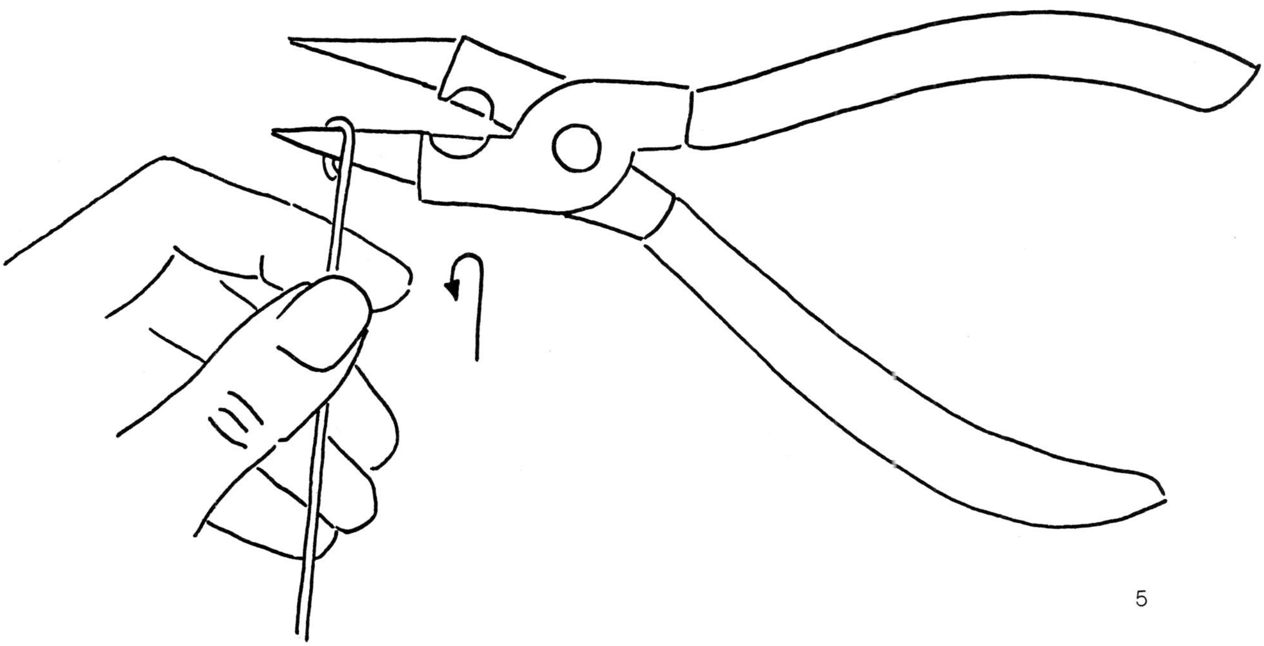

5

Tast-Domino

Es spielt sich im allgemeinen wie das traditionelle Domino. Als Variante kann man dieses Spiel mit geschlossenen Augen tastend betreiben. Wenn die ganze Familie, eine Schulklasse oder Jugendgruppe gemeinsam daran arbeitet, kann das Spiel rascher fertiggestellt werden.

Materialliste:
Kartonstücke oder Sperrholzplättchen oder Lattenteile
Malerklebeband (= Kreppklebeband)
Acrylfarben
Weißleim
Universalkleber
Viele verschiedene Tastobjekte: Knöpfe, Druckknöpfe, Korkzapfenstücke, Büroklammern, Textilien, Lederreste usw.
Schaumgummiunterlage, um das Rutschen der Steine beim Hinzufügen zu behindern

Werkzeug:
Schaumgummilackroller
Schmirgelpapier
Weicher (etwa 6er) Pinsel
Runde Borstenpinsel (Stupfpinsel)

Ziel:
Ein didaktisches Spiel herstellen, Farben und Materialien zusammenstellen.
Die Spieler – blinde, kleine oder fremdsprachige Kinder – lernen Material unterscheiden und benennen.
Den Tastsinn schulen, durch Begreifen Material erkennen und benennen.

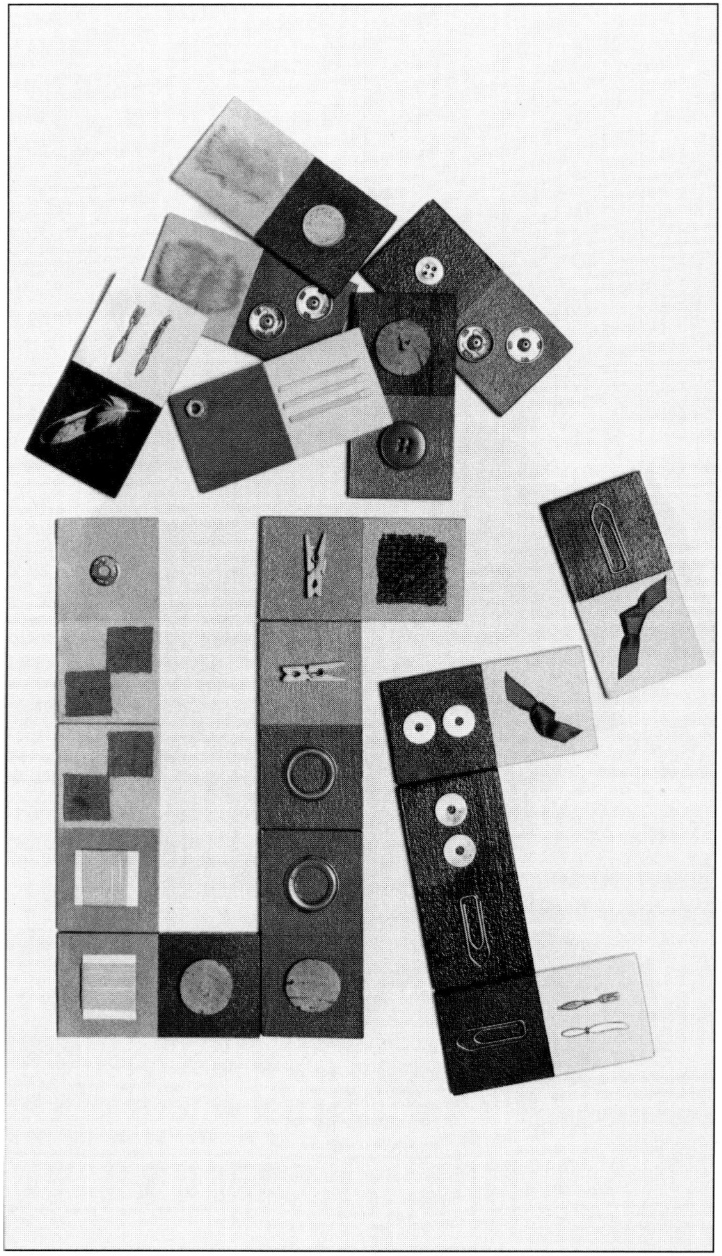

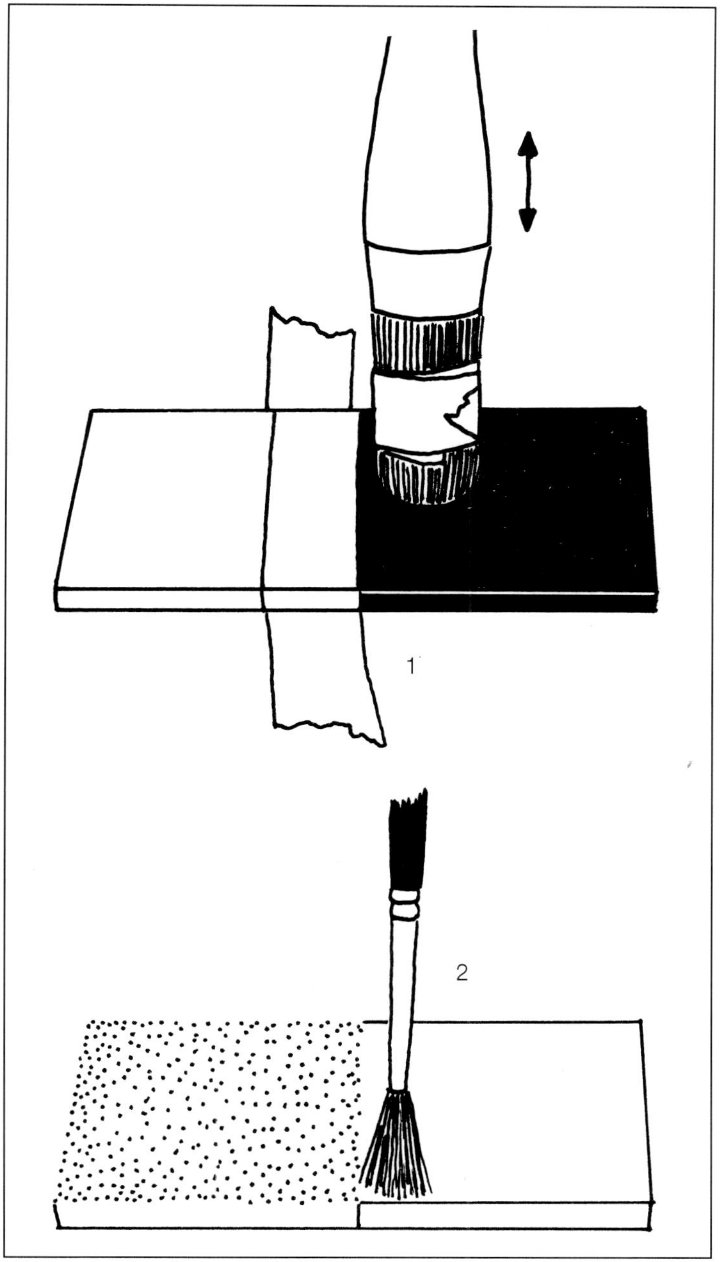

Arbeitsanleitung

Die Spielsteingröße bestimmen und ca. 32 oder 34 Teile zuschneiden (Karton und Holz bei der Bezugsquelle nach Wunsch zuschneiden bzw. zusägen lassen). Mit dem Schaumgummiroller die Teile der Reihe nach rundum weiß grundieren und nach der Trocknungszeit schleifen. Für Holzstücke das Schmirgelpapier auf der Tischfläche mit Klebeband fixieren und die Spielsteine hin- und herschieben bis sie fein geschliffen sind. Karton mit dem feinsten Schmirgelpapier nur leicht schleifen.

Der Reihe nach die eine Flächenhälfte aller Dominosteine stupfen und danach den andern Teil streichen *(Zeichnung 1 und 2).* Mit dem durch Klebeband gefestigten runden Borstenpinsel die Fläche abstupfen. Die zu schützende Seite mit Klebeband abdecken. Die gestupfte Hälfte kann nicht mit Klebeband gedeckt werden, sonst würde sich die Farbe beim Entfernen des Bandes teilweise lösen. Wenn eine nächste Farbe benötigt wird, sollte der Stupfpinsel gewaschen und dann sorgfältig getrocknet werden, damit die Farbe unter dem Klebeband nicht zerläuft.

Sobald alle Spielsteine bemalt und lackiert sind, kann Material aufgeklebt werden. Je nach Fundstück haftet entweder Weißleim oder Universalkleber besser (Textilien, Holz, Naturprodukte mit Weißleim, Metall sowie Knöpfe mit Universalkleber befestigen).

Zur Aufbewahrung der Steine eignet sich eine Schachtel oder ein Stoffsack (siehe unter «Schachteln»).

Die Schachtel in der Schachtel

Wir alle kennen die russischen Steckpuppen, «Matrjona» genannt, sei es von Abbildungen, sei es, weil wir einmal mit ihnen gespielt haben. Die Figuren passen ineinander, und zu unserem Erstaunen steckt in der kleinsten noch ein Holzstückchen.
Die «Schachtel in der Schachtel» ist eine Variante dazu. Sie stellt zwar keine Familie dar, sondern weist durch die Bemalung auf den Inhalt hin. Es handelt sich um eine Bildergeschichte, die in Phasen erzählt wird. Der Inhalt darf auch eine Überraschung sein.

Materialliste:
Sperrholz (ca. 5 mm dick)
Weißleim
Schmirgelpapier
Kleine Stahlstifte (= Nägel)
Pinsel
Acrylfarbe
Acryllack

Werkzeug:
Laubsäge (oder Découpiersäge, auch Bandsäge möglich)
Maßstab
Bleistift
Winkeleisen

Ziel:
Spielerisch Maßarbeit nachvollziehen durch das Herstellen von genauen Schachteln.
Planen, entwerfen, umsetzen und ausführen einer eigenen Bildergeschichte.

In der Muschelschachtel liegt die Seejungfrau, im Kohlbeet liegen zwei Schneckenhäuser, im Bett wärmt die Bettflasche und im Apfel stecken Apfelkerne.

Arbeitsanleitung
Sich eine Bildergeschichte in drei Phasen ausdenken, z. B.:
(1) eine Baustelle mit Schaufel
(2) eine ausgegrabene Schatzkiste
(3) den Verschluß der Kiste
Inhalt: Ein Fünfrappenstück oder der erste Milchzahn usw.

Die Masse der kleinsten Schachtel nach dem Inhalt richten.

Beispiel:

Erste Schachtel:	3 x 3 cm = Boden
	2 cm hoch
	3,5/3,6 cm Seitenwände
	(3,6 cm = zum Schleifen von Ungenauigkeiten
	4 x 4 cm = Deckel
Zweite Schachtel:	4,5 x 4,5 cm = Boden
	3,5 cm hoch
	5,1/5,2 cm = Seitenwand
	5,5 x 5,5 cm = Deckel
Dritte Schachtel:	6 x 6 cm = Boden
	5,5 cm hoch
	6,5/6,6 cm = Seitenwände
	7 x 7 cm = Deckel

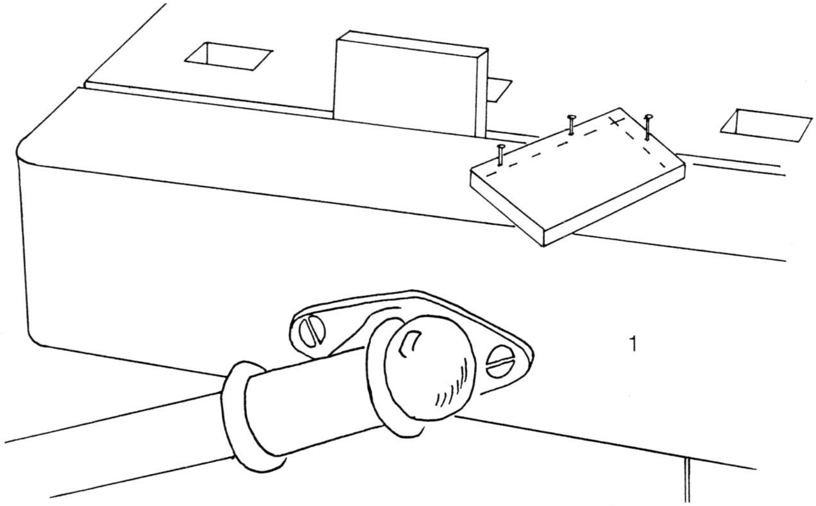

1

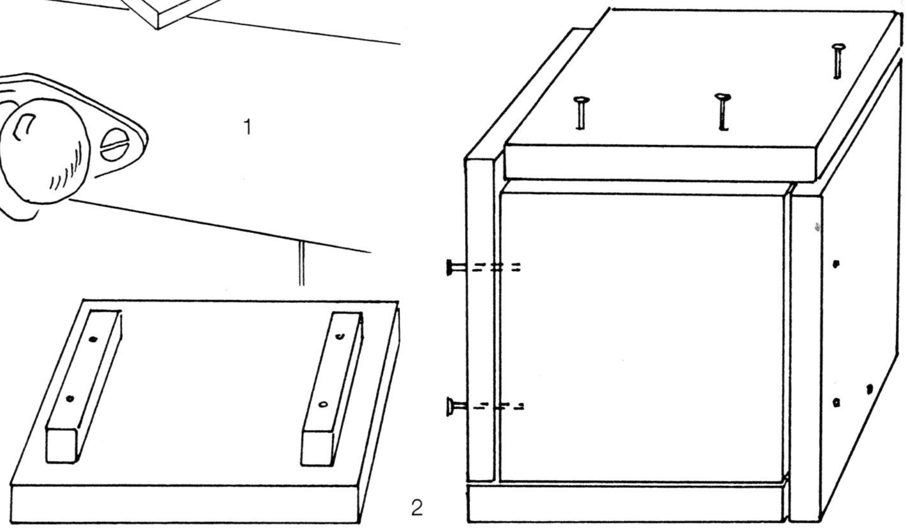

2

Nach dem Aussägen der aufgezeichneten Teile den Bodenteil einspannen, oder jemand hält ihn bis zwei Seitenteile montiert sind *(Zeichnung 1)*. Die Nägel in die Seitenteile einschlagen. Die einander berührenden Kanten mit Weißleim einstreichen und die Seitenteile der Reihe nach festnageln *(Zeichnung 2)*.
Der Deckel ist ein sog. «Klemmdeckel». Er ist im Maß 1 cm größer als der Boden (bei einer Sperrholzdicke von 5 mm). Zwei Reststücke von 5 mm-Leisten in der Länge des Bodenmaßes, 5 mm vom Deckelrand einwärts gemessen, anleimen und mit zwei kurzen Nägeln festnageln.

Den Deckel auf die Schachtel setzen und die Schachtel rundum schleifen. Das Schleifpapier nicht über die Schachtel führen, weil sie sonst unförmig wird. Ein Schleifpapier auf der Tischplatte mit Klebeband fixieren und mit der Schachtel darüber hin- und herschmirgeln.
Alle Schachteln mit weißer Acrylfarbe grundieren und nach dem Trocknen mit feinstem Schleifpapier schmirgeln. So legen sich die aufstehenden Holzfasern wieder und das gewünschte Motiv läßt sich leicht aufzeichnen. Nach der Bemalung eventuell mit Acryllack fixieren.

Kreisel

Zur Bohrmaschine gibt es Zusatzteile, Fräsen, welche in mehreren Größen erhältlich sind. Damit ist es möglich, Räder auszubohren. In der Mitte bohrt die Halterung ein perfektes Loch von 8 mm Durchmesser. In dieses Loch wird der vorher gespitzte Rundstab (etwa 9 cm lang) gesteckt. Durch Verschieben die ideale Stellung ausprobieren, dann schleifen, grundieren und bemalen.

Materialliste:
Sperrholz (ca. 6 mm dick)
Rundstab 8 mm
Acrylfarbe
Acryllack

Werkzeug:
Pinsel
Schmirgelpapier
Spitzer
Bohrmaschine

Ziel:
Farbenlehre spielerisch entdecken:
Komplementär-Kontraste
Hell/dunkel-Kontraste
Qualitäts-Kontraste (stumpf-leuchtend)
Quantitäts-Kontraste (große gegen kleine Formen)
Kalt/warm-Kontraste
Simultan-Kontraste (bei denen sich eine neutrale Farbe in starkfarbiger Umgebung optisch verändert)
Farbe-an-sich-Kontraste (wobei keine Farbbeziehung aktiv wird, sondern Farbe als Eigenwert neben Farbe steht wie auf Flaggen, Wappen etc.)

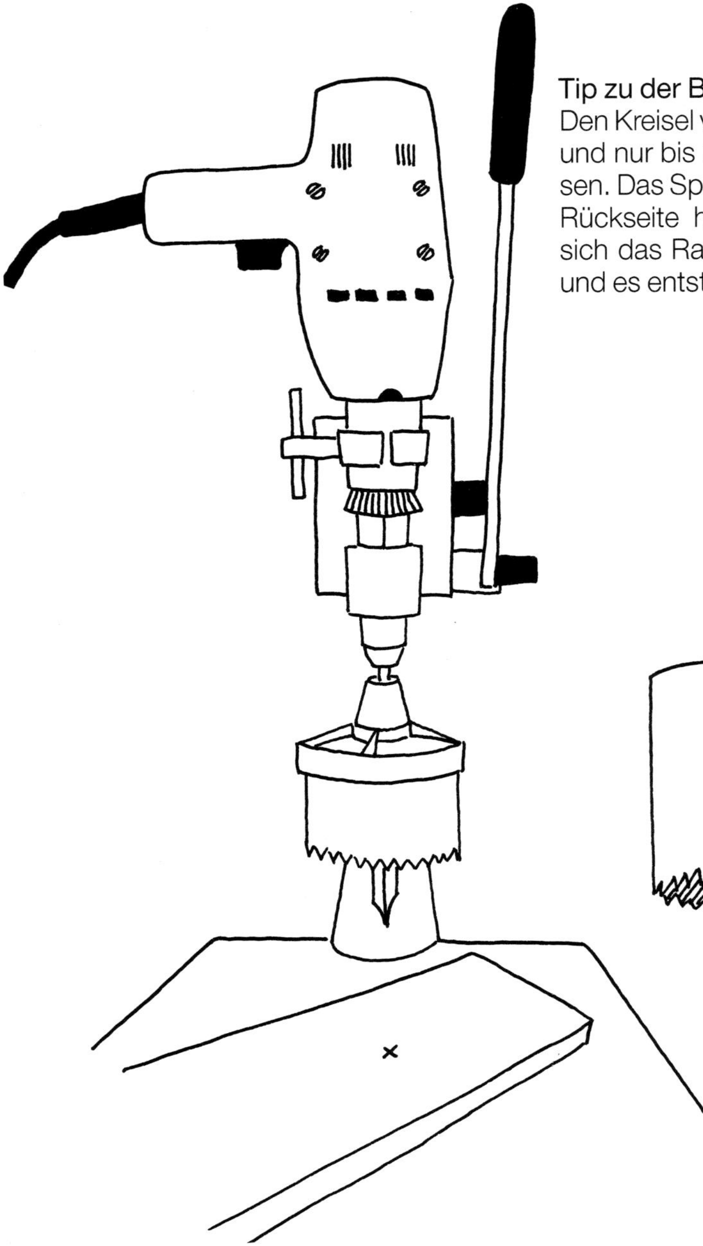

Tip zu der Bohrweise:
Den Kreisel von der einen Seite her anbohren und nur bis zur Mitte der Sperrholzdicke fräsen. Das Sperrholzstück drehen und von der Rückseite her ganz durchbohren. So läßt sich das Rad besser der Fräse entnehmen, und es entstehen keine Holzausfransungen.

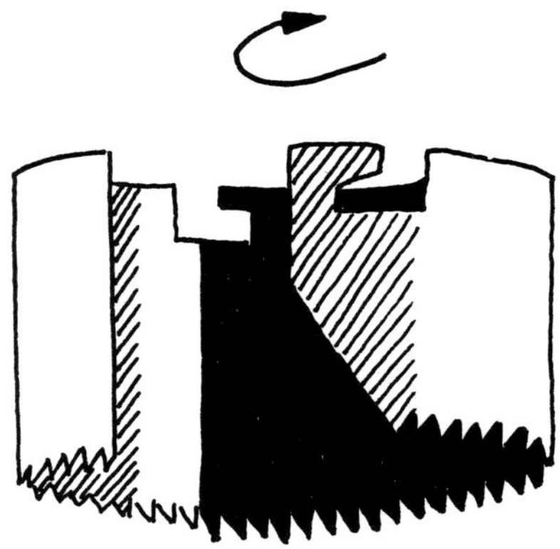

Schmuck

Schmuck aus Holz ist nicht im konventionellen Sinne als Schmuckstück gedacht. In frühen, sogenannt primitiven Kulturen, lebte man in der Vertrautheit mit Amuletten. An Lederbändeln aufgehängte Holzstücke mögen vielleicht auch für uns das zeichenhafte Geheimnis eines Amuletts enthalten. Zudem kann die Bemalung der Holzstücke die eigene Bekleidung farblich begleiten oder durch Kontrast steigern.

Materialliste:
Holz(reste): Lindenstücke, Sperrholz, Tannenleisten
Lederbände
Eventuell Holzperlen
Farbige Garne
Eventuell 1 mm-Draht
Acrylfarbe
Lack (Sprühlack oder Acryllack)
Weißleim

Werkzeug:
Nadel
Schleifpapier
Pinsel
Rundzange
Drillbohrer, Hand- oder Bohrmaschine
Laub-, Découpier- oder Bandsäge
Eventuell Zusatzteile: Fräse zur Bohrmaschine für *Armreifen*
Schraubzwingen für *Armreifen*
Raspel für *Armreifen*
Wenn vorhanden, Schleifmaschine für *Armreifen*

Ziel:
Ein individuelles Schmuckstück gestalten.
Farbe und Form planen und ausführen.

Arbeitsanleitung
Vielleicht entscheidet sich anhand eines Kleidungsstückes die Farb- und Formgebung des «Amuletts».
Durchbohrte Holzstücke können aufgereiht, aufgenäht, aneinandergekettet werden.

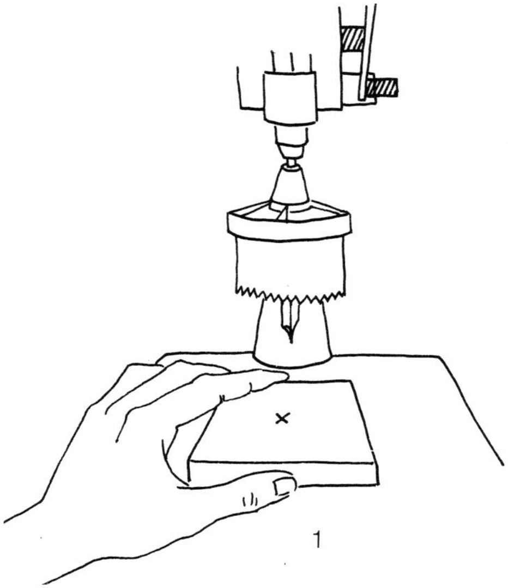

1

Die ausgesägten Teile schleifen, bemalen, lackieren und anschließend mit farblich passendem Garn zusammenfügen.

Armreifen müssen mit Zusatzteilen der Bohrmaschine ausgefräst werden. Bohrtip: von beiden Seiten her bis zur Mitte bohren, damit das Holzstück nicht ausfranst *(Zeichnung 1* – siehe auch unter «Kreisel»). Für breitere

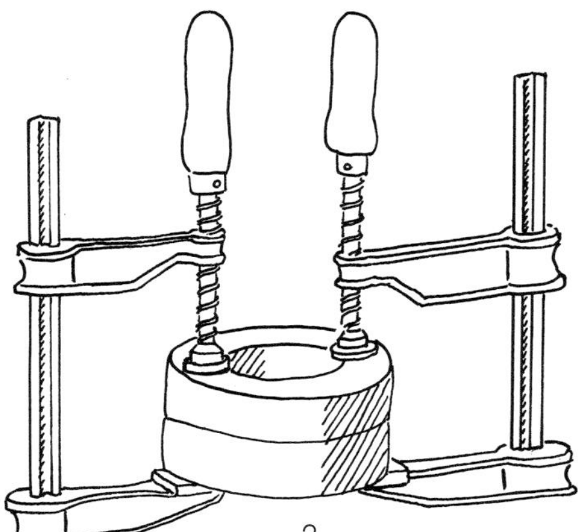

2

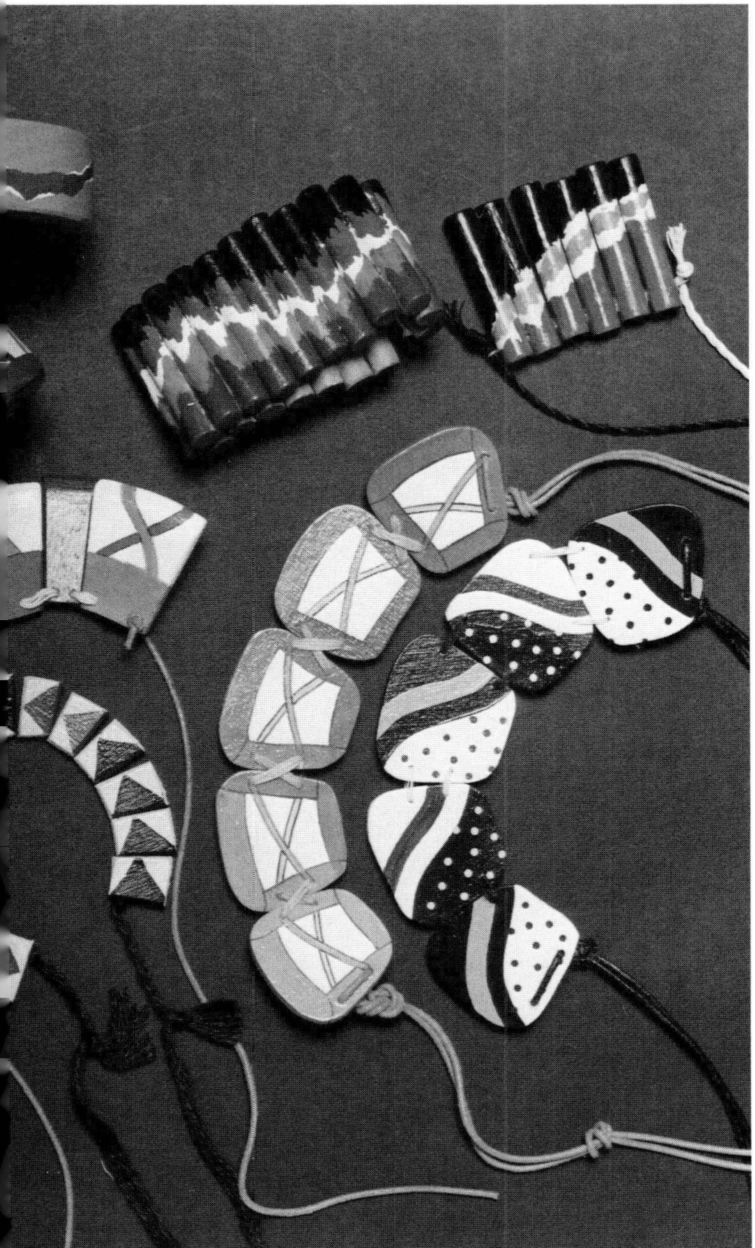

Reifen würde man zwei/drei ausgefräste und rund zugesägte Teile übereinander kleben und mit Schraubzwingen pressen bis sie trocken sind *(Zeichnung 2).*

Wenn der Armreif gewölbt sein soll, wird er mit der Raspel bearbeitet *(Zeichnung 3).* Dabei sollte man bei senkrecht stehenden Holzfasern darauf achten, daß diese nicht ausfransen; die Raspel also nur von der Kante zur Mitte führen. Der zu rundende Gegenstand muß öfters gedreht werden. Selbstverständlich kann auch die Schleifmaschine, sofern vorhanden, benützt werden.

Auch der Armreif wird mit Schmirgelpapier glatt geschliffen, dann grundiert, geschmirgelt und bemalt. Zu seinem Schutz anschließend einen Sprühlack oder Acryllack auftragen.

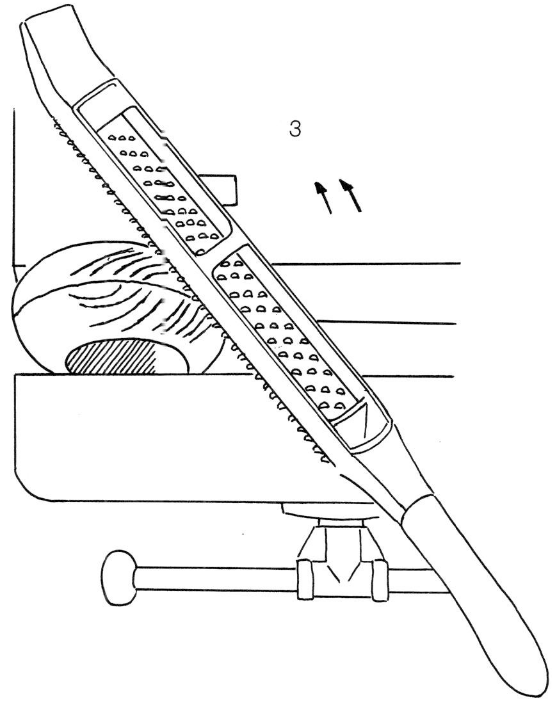

Hampelfiguren

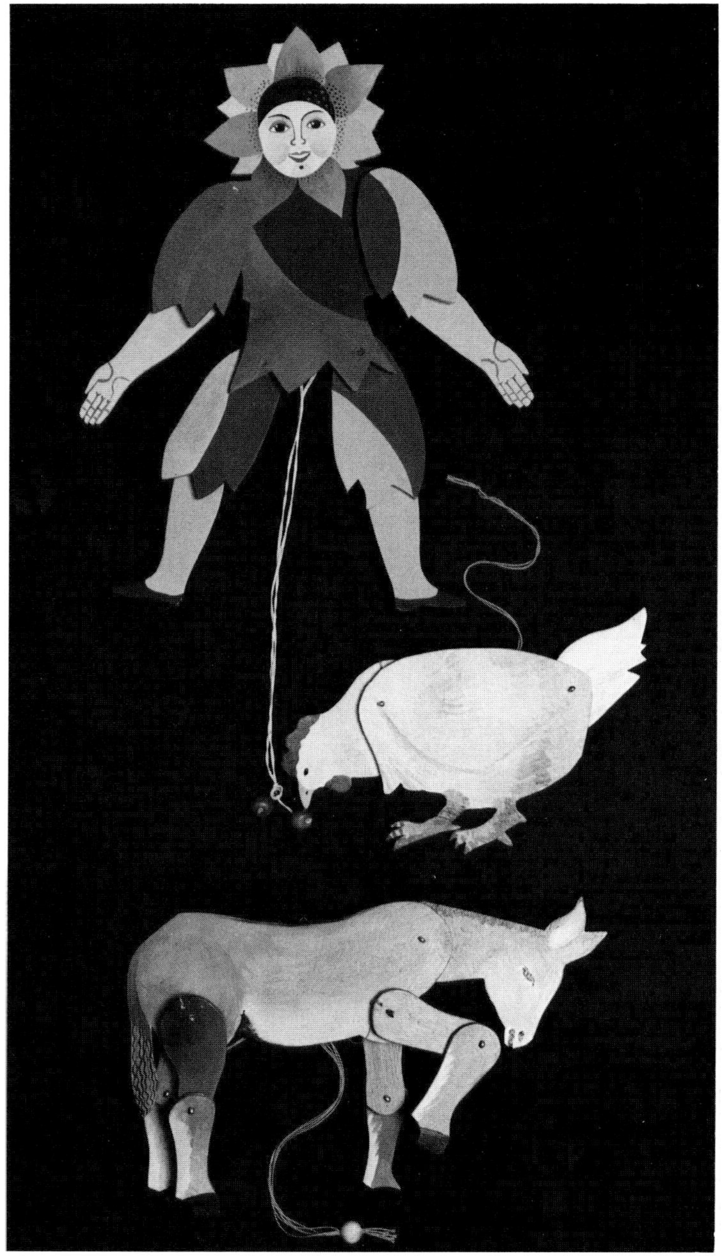

Beim Herstellen von Hampelfiguren entdeckt man spielenderweise das Geheimnis des Hebelgesetzes.

Materialliste:
Halbkarton (für den Entwurf)
Klammern
Sperrholz, 4 oder 6 mm dick, je nach Größe des Objektes
1 mm-Draht
Rundstäbe 5–6 mm (8 mm bei großen Hampelwesen)
Unterlagscheiben, passend zum gewählten Rundstab oder Draht
Garn oder zähe Schnur
Farbe: Acryl oder Dispersion
Acryl-Transparentlack (matt- oder Glanz-)

Werkzeug:
Schere
Laubsäge
Schleifpapier
Handbohrer
Drillbohrer
Rundzange
Hammer
Weißleim

Ziel:
Sich mit Sperrholz vertraut machen.
Die Gesetzmäßigkeiten des Hebelsystems erfahren.
Menschenmaße erarbeiten.
Funktionelle Bemalung suchen.

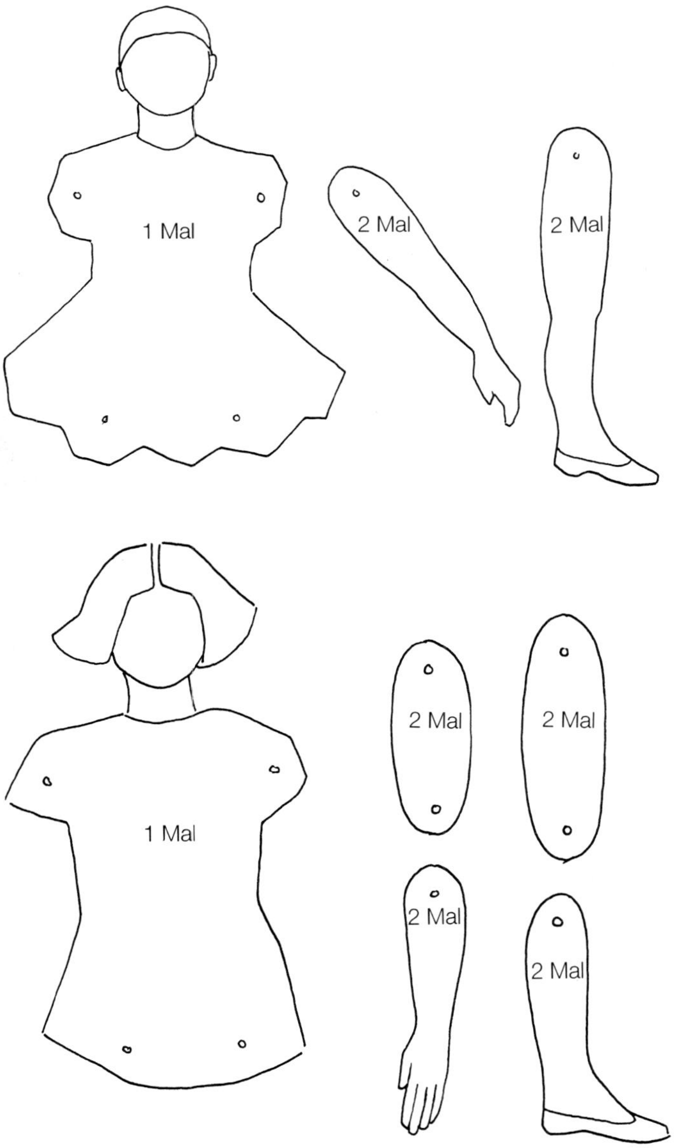

Fünf- und neunteilige Hampelfigur.

Arbeitsanleitung

Eine einfache Hampelfigur ist fünfteilig: Körper mit Kopf, zwei Arme, zwei Beine. Reicher wird sie mit neun Teilen: Körper mit Kopf, zwei Ober- und zwei Unterarme, zwei Oberschenkel, zwei Wadenbeine *(Zeichnung 1)*. Noch komplizierter sind Zwillinge, übereinanderstehende Akrobaten, Reiter mit Tier sowie asymmetrische Wesen. Flächiges Denken in der Gestaltung der Formen und beim Bemalen beibehalten, also unperspektivisch bleiben.

Alle Glieder einzeln zeichnen, ausschneiden und mit der Lochzange in den Gelenken lochen. Diese mit Klammern zusammenheften (= Drehpunkt). Oberhalb des Drehpunktes von Armen und Beinen eine Querverbindungsschnur anbringen *(Zeichnung 2)*. Anschließend in den Mitten der Querverbindungen die Zugschnur anknöpfen. Wenn die Glieder sich gut hochziehen lassen, ist der Entwurf gelungen. Die Teile auseinander nehmen, die Fasern der Sperrholzplatte senkrecht zu sich richten und den Entwurf darauflegen. Den Kartongliedern mit Bleistift nachfahren *(Zeichnung 3)*. Die Maserierung ist stabiler, wenn sie senkrecht benützt wird. Es lohnt sich nicht, aus Platzmangel einen Arm oder ein Bein quer auszuschneiden. Füße und Hände brechen sonst, wenn nicht beim Sägen, so doch beim Schleifen oder beim Zubodenfallen.

Das Laubsägeblatt mit den Sägezähnen nach unten gerichtet im unteren Bogenteil einfädeln. Den oberen Bogenteil fest gegen den unteren drücken, am besten gegen den Körper und den Tischrand stemmen. Das Sägeblatt oben einfädeln und mit der Flügelmutter einklemmen *(Zeichnung 4)*.

2

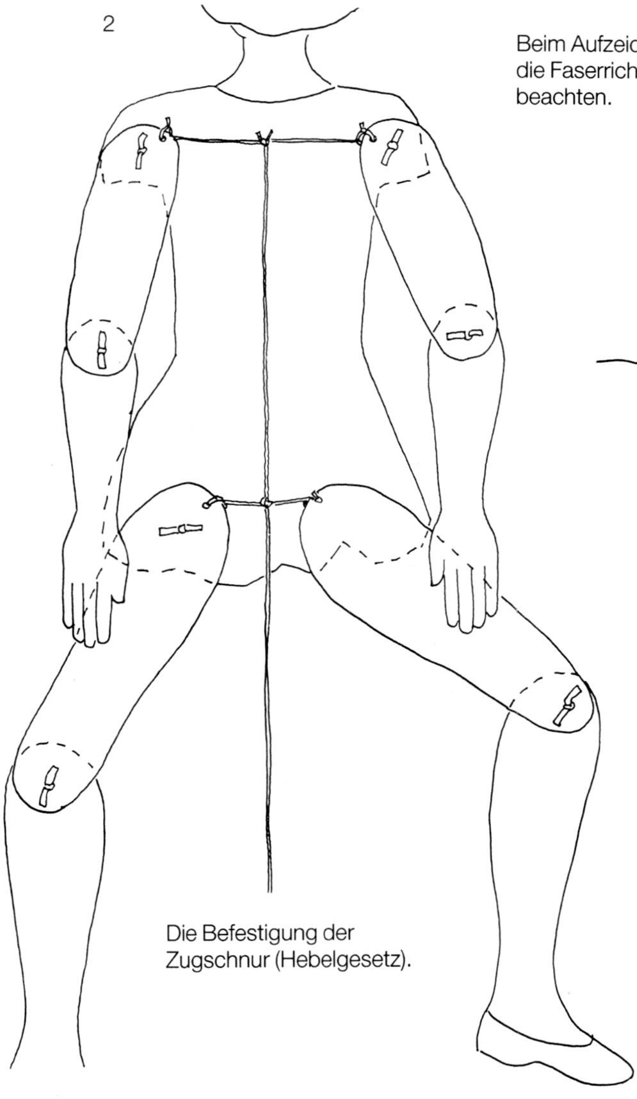

Die Befestigung der Zugschnur (Hebelgesetz).

Beim Aufzeichnen die Faserrichtung beachten.

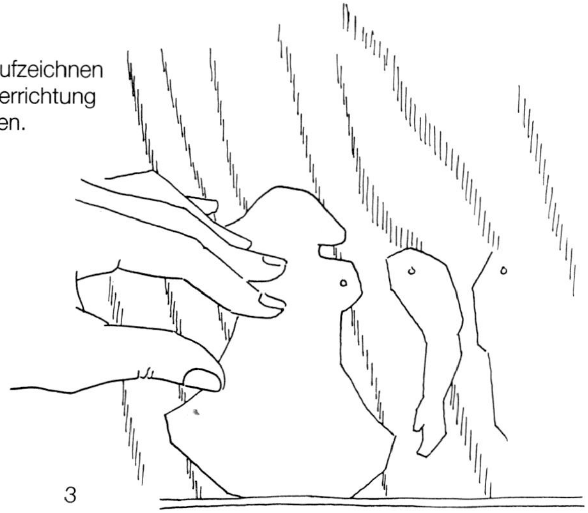

3

4

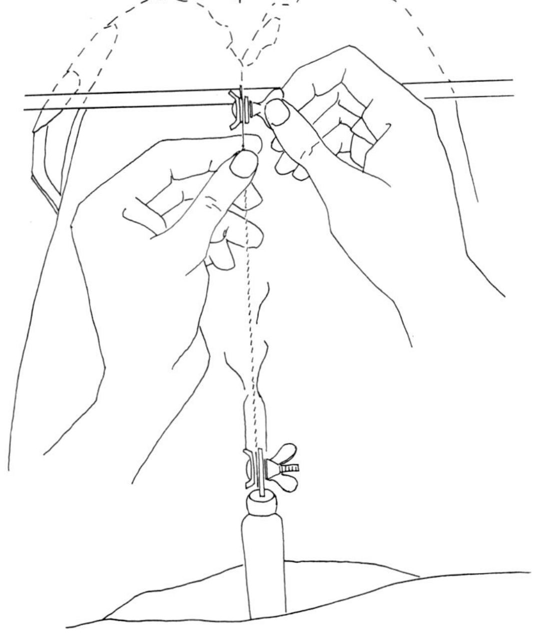

So wird das Laubsägeblatt eingespannt.

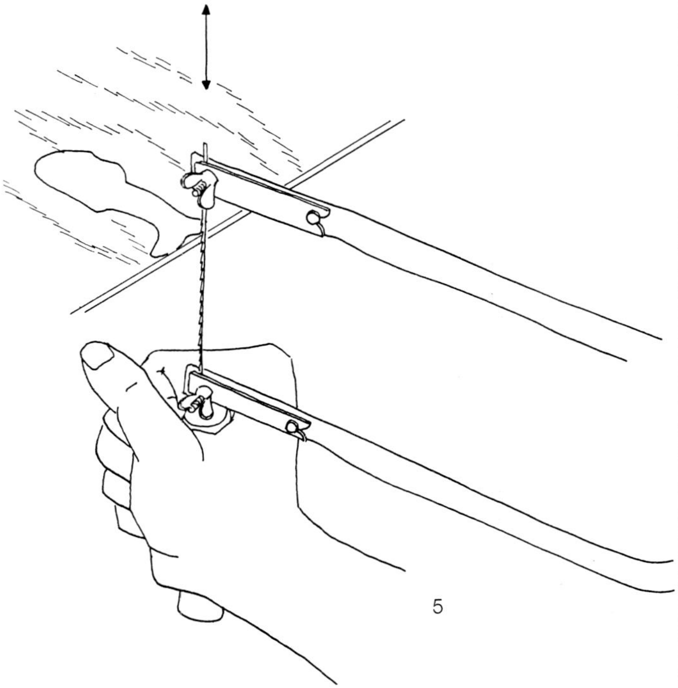

5

Ohne Druck auf- und absägen.

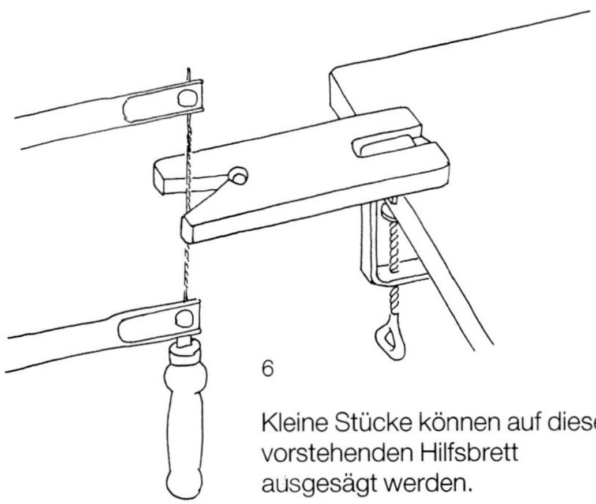

6

Kleine Stücke können auf diesem vorstehenden Hilfsbrett ausgesägt werden.

Die vorbereitete Sperrholzplatte über den Tischrand hinausragen lassen und mit der Laubsäge der gezeichneten Linie nachsägen. Der Bogen wird parallel zum eigenen Arm geführt *(Zeichnung 5)*. Am leichtesten sägt man ohne Druck. Die Säge wird auf und ab geführt, bei Kurven dreht man die Holzplatte mit der andern Hand, ohne mit Sägen auszusetzen. Kleine Stücke können auf einem Hilfsbrett mit eingesägter Lücke ausgeschnitten werden. Dazu braucht man eine Zwinge, mit der das Hilfsstück am Tisch festgeschraubt wird *(Zeichnung 6)*.
Nach dem Sägen die Teile etwas schleifen, weiß grundieren, trocknen lassen und wieder schleifen.
Die Löcher für die Gelenke und jene für den Zugfaden bohren. Es gibt verschiedene Möglichkeiten, die Gelenke zu verbinden *(Zeichnung 7)*.

A. **Drahtverbindung** (Drahtbiegen siehe «Gliederpuppen»)
Die Löcher mit dem Drillbohrer bohren. Zwischen die Holzteile eine Unterlagscheibe legen, Draht einfädeln und schließen.

B. Splinten (sind käuflich)
Passendes Loch mit Handbohrer oder Bohrmaschine bohren, Splinte einführen, Unterlagscheibe nicht vergessen und auf der Rückseite die Splinte spreizen.

C. Die ästhetischste Lösung ist die **Rundstabverbindung.**
Von vorne ist der eingepaßte Rundstab nach der Bemalung unsichtbar. Rundstäbe sind in verschiedenen Durchmessern erhältlich. 6 mm, 8 mm sind für Hampelwesen günstige Maße.

Die Vorderseite wird mit dem Sechser- (oder Achter-)Bohrer gebohrt, die Unterlagscheibe hat ein Loch mit ∅ 6,5 oder 8,5 mm. Das Gelenk dreht sich leicht um den Rundstab mit der 6,5–7 mm-Bohrung (bei 8 mm = 8,5–9 mm). Der Rundstab muß auf der Rückseite mit einem Holzplättchen fixiert werden, welches wieder im Durchmesser des Stabes, also 6 oder 8 mm, gebohrt wird *(Zeichnung 8)*.

Die Handbohrmaschine wird für die größeren Löcher verwendet, der Drillbohrer für Löcher zu Drahtverbindungen und für die Zugschnur. Das Hampelwesen bemalen und firnissen (je nach Farbe mit Acryltransparentlack oder mit Lackspray). Gut trocknen lassen und zusammensetzen.
Aufhänger können selbst hergestellt oder gekauft werden. Der selbsthergestellte Aufhänger besteht aus einem kleinen Stück Holz, welches mit einem Loch für den Nagel an der Wand versehen und an die Figur geleimt wird.

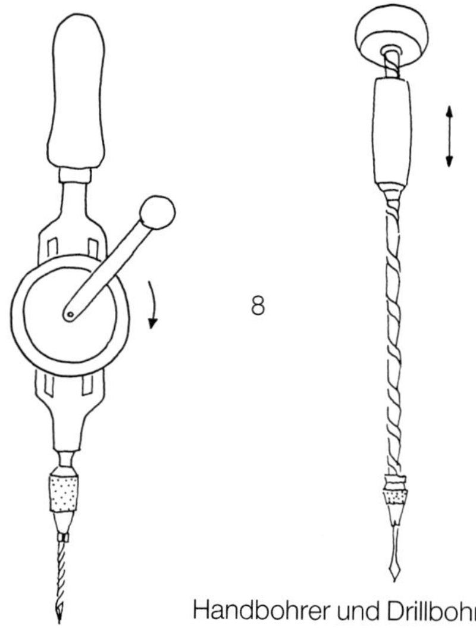

8

Handbohrer und Drillbohrer

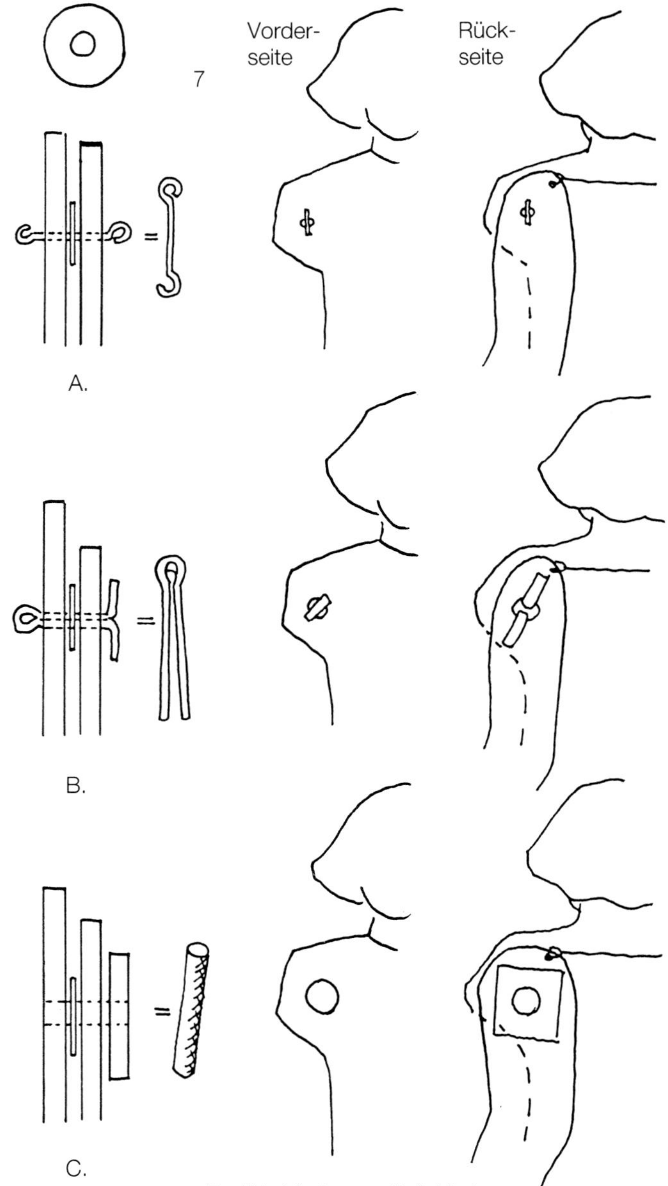

Drei Verbindungsmöglichkeiten

Fahrzeuge

Ein ganz einfaches Fahrzeug besteht aus vier Rädern, zwei Achsen und einem darüber gelegten Brett. Aber es kann vielerlei darstellen: Zirkuswagen, Zigeunergefährte, fahrende Tiere usw.

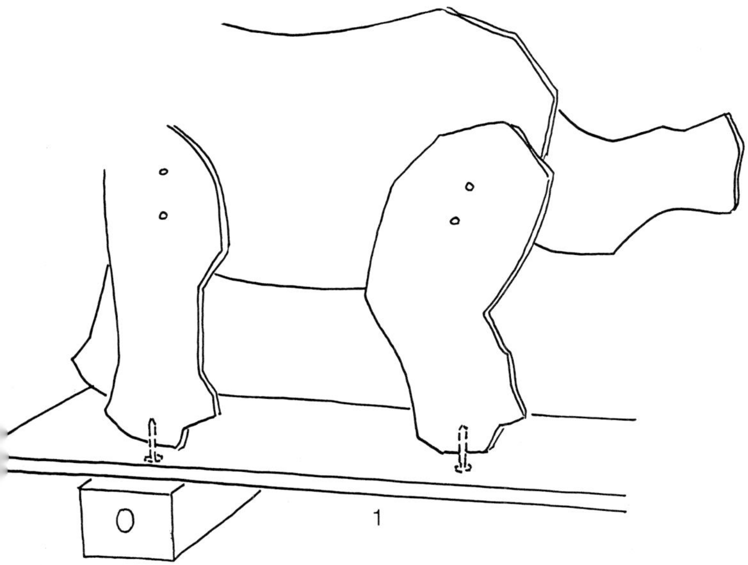

1

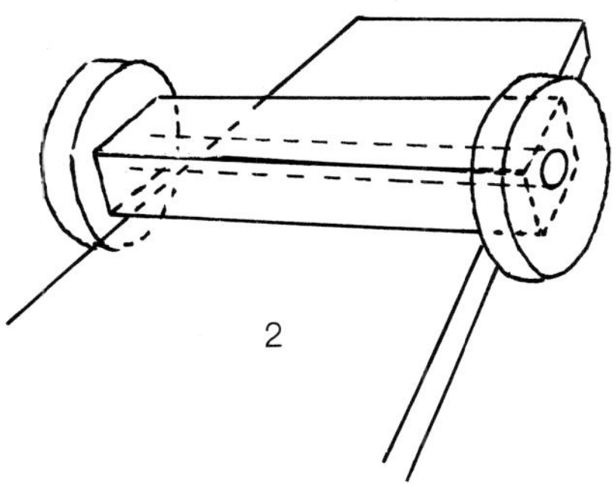

2

Materialliste:
Holzreste
Sperrholz (Dicke nach eigener Wahl)
Rundstäbe (8 mm)
Vierkantleisten
Weißleim
Karton (ca. 2 mm dick)
Nägel
Acrylfarbe
Acryllack

Werkzeug:
Schmirgelpapier
Laubsäge oder Découpiersäge
Bohrmaschine
Hammer
Zange
Pinsel
Drillbohrer

Ziel:
Ein individuelles Spielzeug entwerfen und ausführen
Ein Fahrzeug funktionstüchtig herstellen lernen.

Arbeitsanleitung
Wenn der Wunsch nach einem Wagen vorhanden ist, muß zuerst die «Wagenkiste» hergestellt werden (siehe «Schachteln» oder «Tablett»). Für ein fahrbares Tier gilt dasselbe; zuerst das Tier zusammensetzen. Unter das Tier einen Boden leimen und nageln *(Zeichnung 1)*. Die Räder ausfräsen und die Halterung für die Rundstäbe mit 8,5 mm- oder 9 mm-Bohrer ausbohren *(Zeichnung 2)*. Wenn der Wagen sehr breit ist, muß die Achsenhalterung zweiteilig sein *(Zeichnung 3)*. Auf jeden Fall soll sie etwas über den Bo-

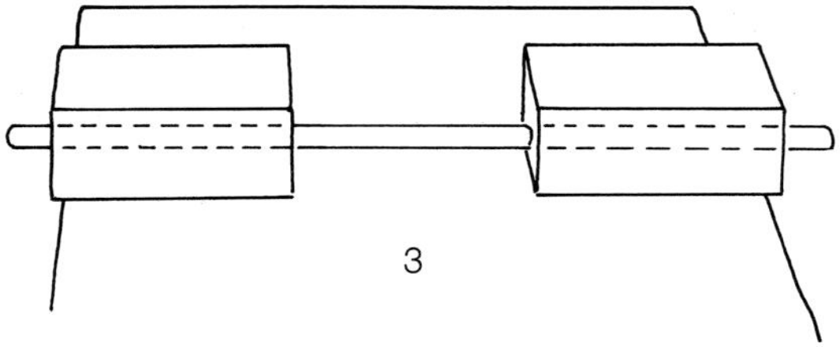

3

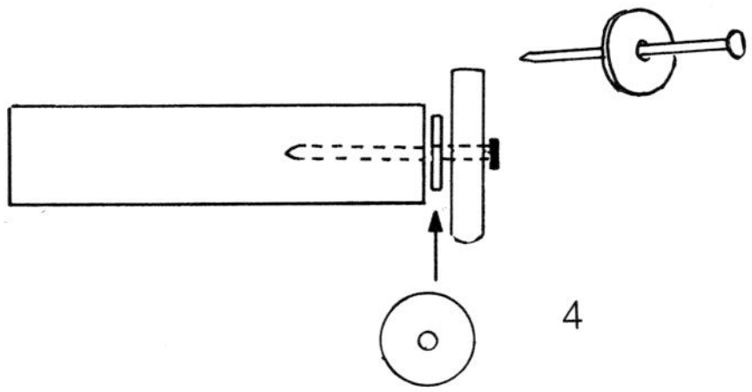

4

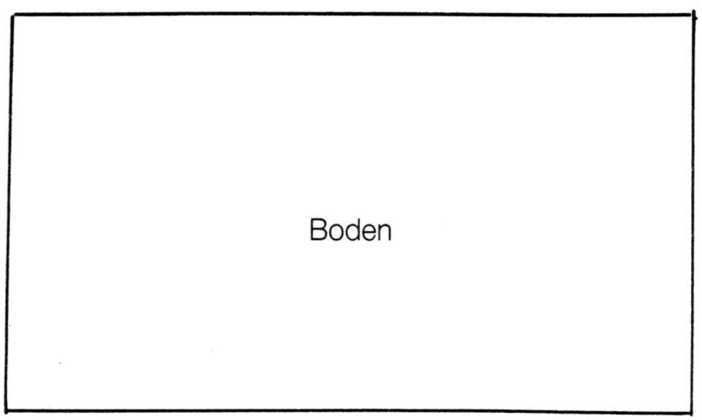

5

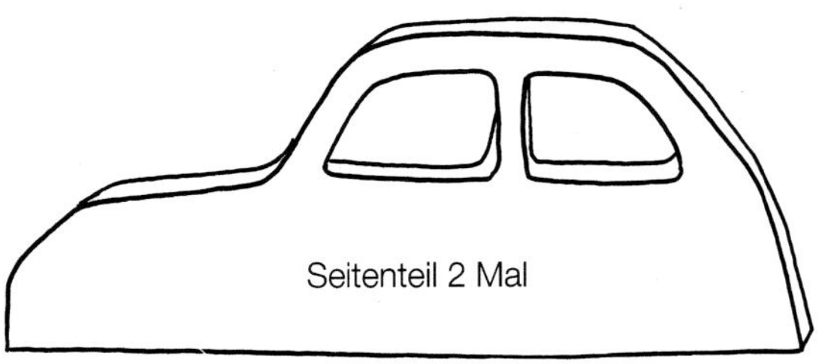

denrand hinausragen, damit die Räder bei der Fahrt nicht blockiert werden. Den Rundstab in Raddicke plus ca. 3 mm (= Spiel) lang sägen.
Mit der Schraubzwinge die Achsenhalterung so lange fixieren bis der Leim gut trocken ist. In der Zwischenzeit die Räder grundieren, schleifen und bemalen. Das ganze Gefährt nach der Bemalung mit Acryllack oder Sprühlack firnissen.
Räder kann man auch mit der Laubsäge ausschneiden: Mit dem Zirkel die gewünschte Anzahl Räder aufzeichnen und aussägen. Die Mitte (die Zirkeleinstichstelle) mit dem Drillbohrer durchbohren und durch dieses

Loch einen langen Nagel stecken. Auch die Vierkantleiste oder der Wagenboden (je nach dem, wo die Räder drehen sollen) wird mit dem Drillbohrer vorgebohrt, damit das Holz nicht gespalten wird. Zwischen Rad und Wagen eine kleine Unterlagscheibe bringen. Diese wird auf den Nagel gesteckt *(Zeichnung 4)*. So reibt das Rad nicht am Holzwagen.

Ein Auto wird ähnlich wie eine Schachtel hergestellt. Den Boden und die Seitenteile aufzeichnen *(Zeichnung 5)* und aussägen. Den Boden an den Seitenteilen festleimen und nageln (oder die Seitenteile am Boden, je nach Zwischenraumbedarf). Das schon bestehende «Gerüst» bereits bemalen, weil der Innenraum so noch zugänglich ist.

Aus Karton die Motorhaube und das Dach zuschneiden, dann auf der Innenseite bemalen. Wenn die beiden Teile trocken sind, können sie am gewünschten Ort festgeleimt und genagelt werden.

Die Außenseiten des Wagens und die Räder bemalen, anschließend lackieren und zusammensetzen.

(Wenn die Räder nicht ganz rund sind, kann man sie entweder noch einmal aussägen oder sich damit trösten, daß der Wagen auf Teppichböden dennoch rollt.)

Tiere

Es gibt viele Möglichkeiten, Tiere im Spiel zu gebrauchen Zoo, Zirkus, die Arche Noahs, Haustiere, die ersten Tiere auf der Welt, neu erfundene Tierformen (Phantasietiere) usw.

Materialliste:
Reste von Tischlerplatten (ca. 2 cm dick)
Dicke Sperrholzresten (ca. 1 cm dick)
6 mm/5 mm-Sperrholzreste
1 mm-Draht
Acrylfarbe
Acryllack
Nägel (Stahlstifte und größere Nägel)
Weißleim

Werkzeug:
Hammer
Zange
Rundzange
Drillbohrer
Pinsel
Laubsäge
Bandsäge oder Découpiersäge
Schmirgelpapier

Ziel:
Tiere beobachten und zeichnen lernen.
Größenverhältnisse der Tiere zueinander erarbeiten.
Bau der Tiere begreifen.
Tiere als sinnvolle Spielobjekte gestalten und herstellen, Vergleichsmöglichkeiten mit oftmals form- und einfallslosen, käuflichen Spieltieren gewinnen.
Farb- und Formgebung erarbeiten bei der Bemalung der Tiere.

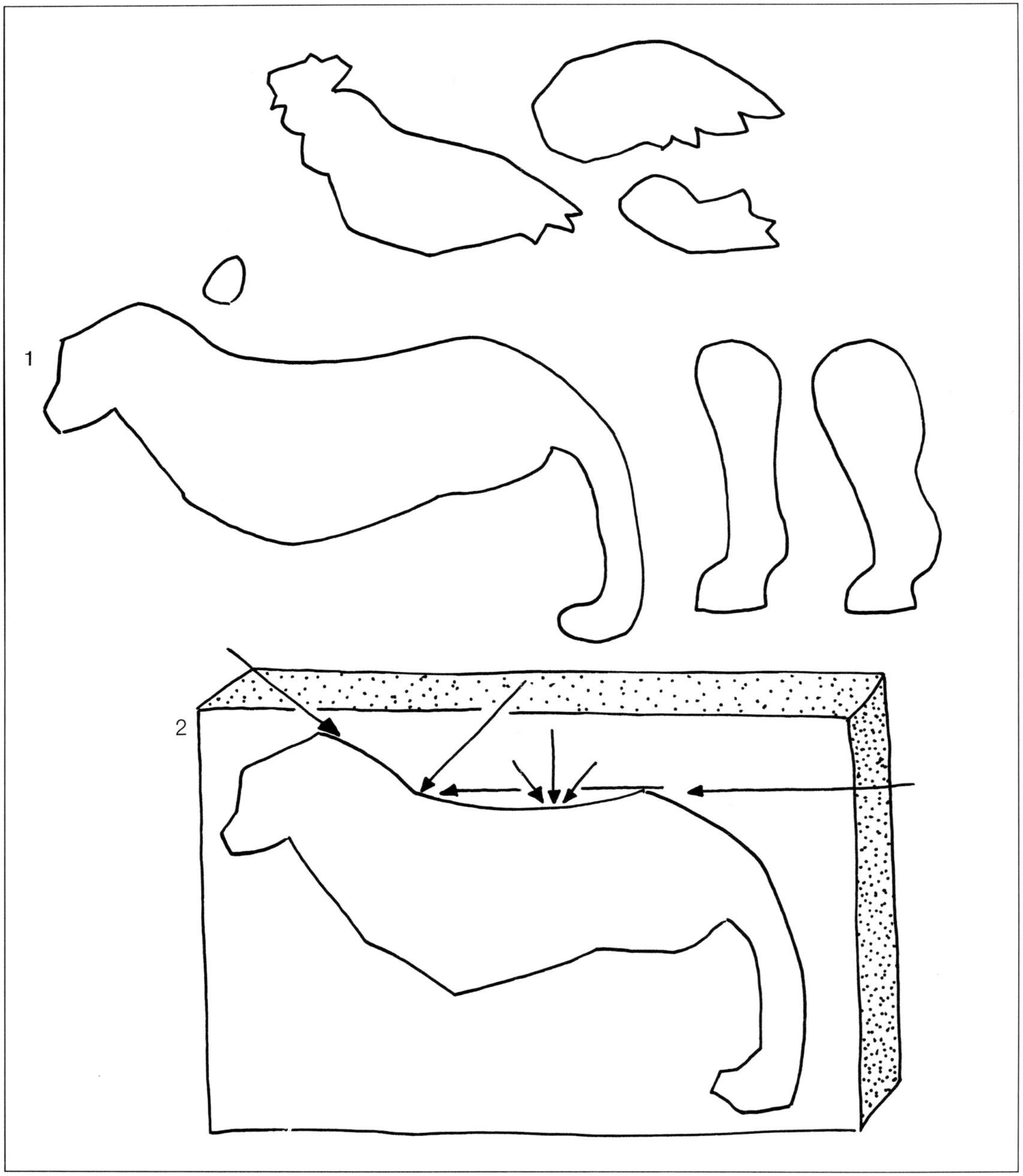
1
2

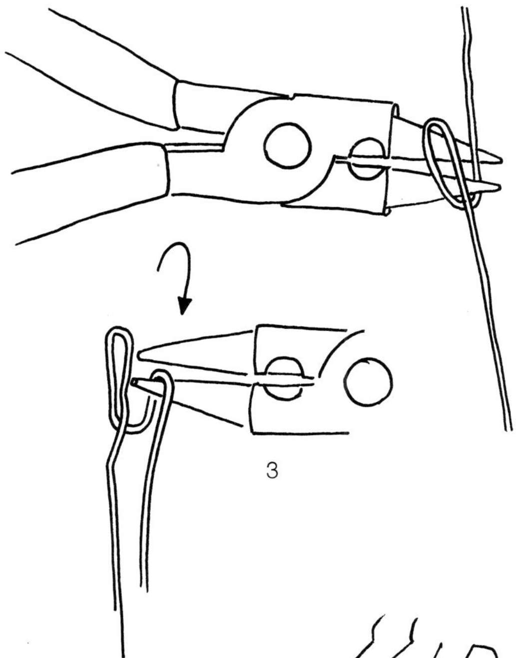

3

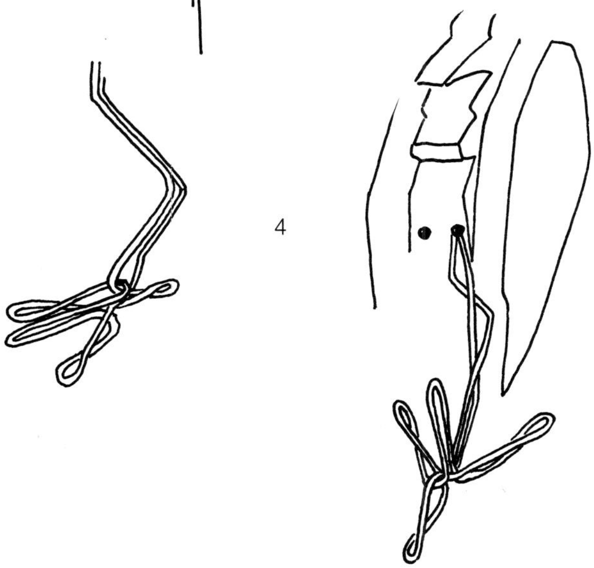

4

Arbeitsanleitung

Eine Tierzeichnung als Grundlage aufteilen in einzelne Glieder: Körper mit Kopf und Schwanz, Ohren, Hörner, Beine oder Flügel *(Zeichnung 1)* getrennt aufzeichnen. Aus Stabilitätsgründen muß eine Beinform oft schwerer, dicker geplant werden, z. B. bei der Giraffe, einem Esel usw. Das gewählte Tier ist maßgebend für die Dicke der Holzteile. Große Tierkörper auf Tischlerplatten aufzeichnen. Beine und Ohren auf Sperrholzreste übertragen.

Kleine Tiere von Anfang an auf Sperrholz aufzeichnen.

Die großen Stücke an der Maschine zuschneiden, die kleinen mit der Laubsäge bearbeiten. Da es ungünstig ist, an der Bandsäge Rundungen zu schneiden, weil das Sägeblatt sonst bricht oder herausspringt, gibt es folgende Möglichkeit zu sägen:

(Zeichnung 2) Die größeren Stücke bis nahe an den Körper wegschneiden und Rundungen von beiden Seiten her angehen. Stehen bleibt eine Art Kamm, welcher wieder von beiden Seiten weggesägt wird.

Die ausgeschnittenen Teile schleifen, passend zusammenkleben und nageln.

Vogelbeine wirken ausgesägt zu plump. Feiner sehen sie aus, wenn sie aus gebogenem Draht angefertigt werden. Dazu verwendet man die Rundzange *(Zeichnung 3)*. In den Vogelkörper mit dem Drillbohrer Löcher bohren und die Drahtenden der Beine mit der Rundzange hineinschieben. Einen Stahlstift in dasselbe Loch drücken, damit die Beine nicht unkontrolliert drehen.

Die Tiere weiß grundieren und mit Acrylfarbe bemalen. Mit Acryllack firnissen.

Kugelspiele

Sie sind unterhaltsam und lassen den Spieler Geduld üben (= didaktisches Spiel).

Materialliste:
Stahlkugeln (in gewünschter Größe)
Plexiglas (ca. 3–4 mm dick)
Sperrholz
Nägel
Weißleim
Schmirgelpapier
Acrylfarbe (eventuell Leuchtfarbe)
Acryllack
Klebeband

Werkzeug:
Hammer
Drillbohrer
Handbohrer oder Bohrmaschine
Eventuell Krauskopfeinsatz
Laubsäge oder Bandsäge oder Découpiersäge
Pinsel
Maßstab
Bleistift

Ziel:
Eine Flächenaufteilung machen, in der auf interessante und abwechslungsreiche Art eine oder mehrere Kugeln Platz finden.

Arbeitsanleitung
Ein Motiv suchen, welches Kugeln erlaubt, sich an bestimmten Orten niederzulassen, z. B. Augen, Früchte, Punkte usw.
Ein Kästchen ohne Deckel herstellen, dieses weiß grundieren, damit die Farben der ausgewählten Motive leuchtkräftiger erscheinen. Nach dem Grundieren die Schachtel fein schleifen und das Motiv aufzeichnen. Die gewünschten Löcher für die Kugeln können jetzt angebohrt werden (eventuell mit einem «Krauskopf»). Nicht zu tief bohren, sonst wird das Spiel zu einfach!
Nach der Bemalung einen Plexiglasdeckel zuschneiden (ca. 3–4 mm dick). Plexiglas (oder Acrylglas) läßt sich wie Holz schneiden. Mit dem aufgeklebten Papierschutz kann man sogar die Bandsäge benützen, ohne daß das Glas zerkratzt wird. Danach den Papierschutz entfernen und das zugeschnittene Glas auf den Spielkasten legen *(Zeichnung 1).* Mit Klebeband die Scheibe provisorisch fixieren, um ein Rutschen zu verhindern, während mit dem Drillbohrer die nötigen, feineren Löcher gebohrt werden. Auch hier nicht zu weit in die Holzwand hineinbohren, weil der Nagel sonst nicht hält.
Das Klebeband lösen und den entstandenen Bohrstaub auspinseln. Vorsicht: nicht blasen, der Staub könnte an den Bohrwänden hoch und ins Auge geblasen werden!
Die Nägel sorgfältig einschlagen, damit das Glas unbeschädigt bleibt.

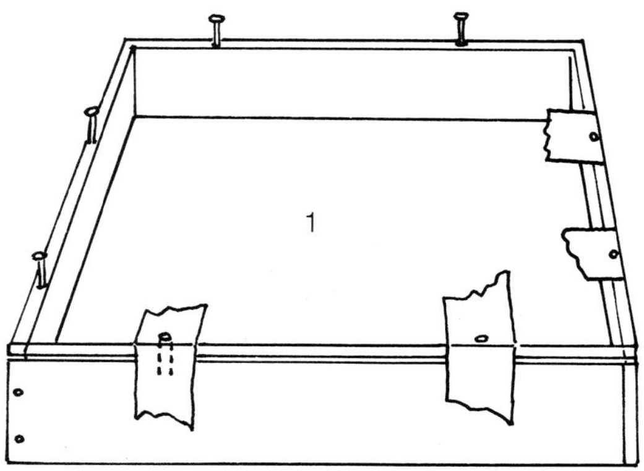

Kugelspiele:
«Perlhuhn»,
«Stier» und
«Pfauenauge».

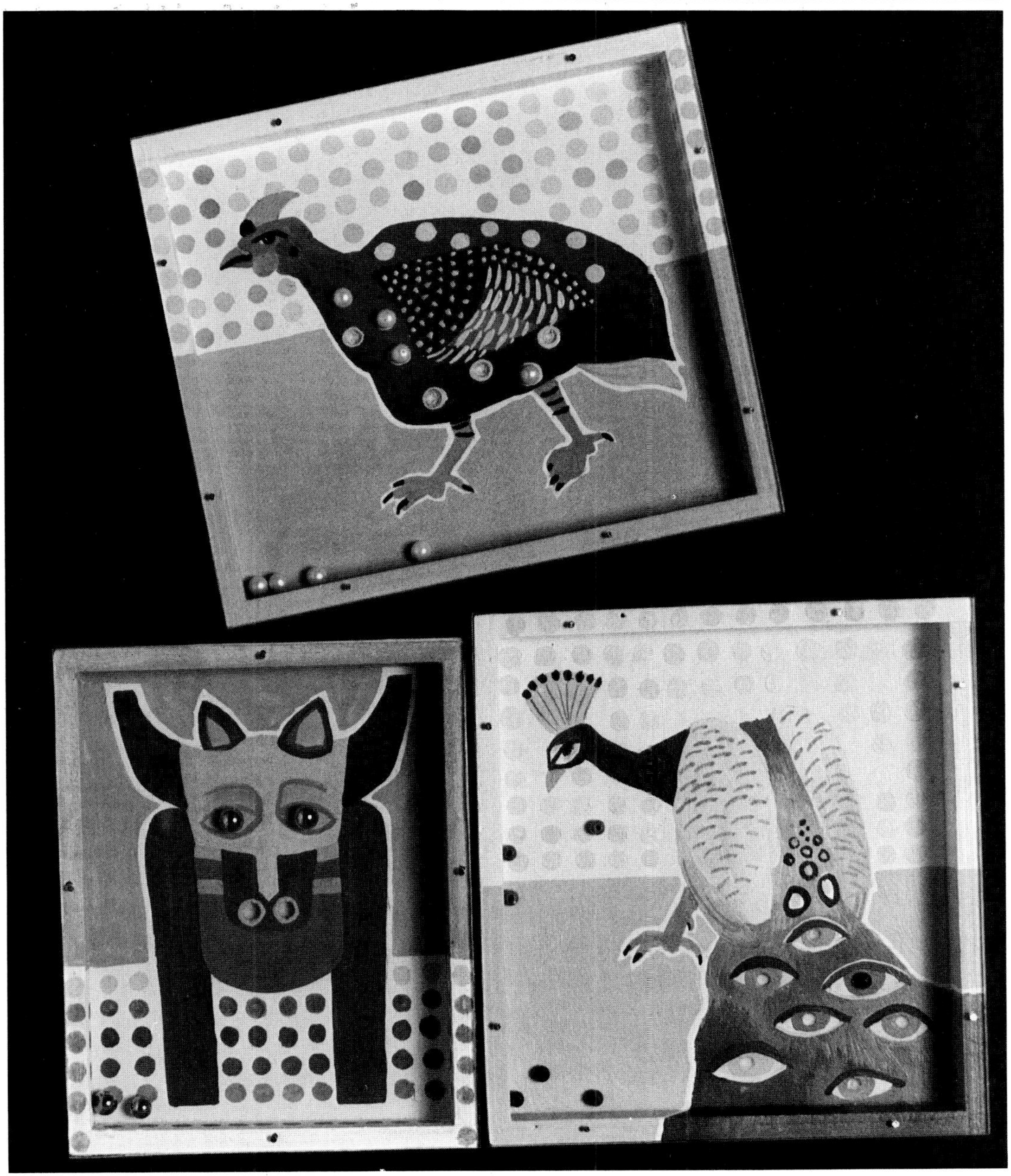

Tablett

Eine Anwendung der «Pop-art» in Form von Gebrauchsgegenständen sind diese Tabletts. Dabei bleiben die Motive auf Rechtecke und Vielecke beschränkt, von denen es zahlreiche gibt: Jaß- oder Spielkarten, Bahnbillette, Briefmarken, Dominosteine, Autonummern, Speisekarten, Postkarten, Zündholzschachteln, ein Kuvert usw.

Materialliste:
Sperrholz, 8 mm dick, kann auch in gewünschter Größe zugeschnitten bezogen werden
Tannenleisten gehobelt, ca. 1 cm dick, Breite nach Wunsch (ca. 4 cm)
Nägel (ca. 1,5 cm lang)
Weißleim
Schleifpapier
Acrylfarben
Sprühlack

Werkzeug:
Drillbohrer
Hammer
Zange
Bandsäge oder Stichsäge oder Laubsäge

Ziel:
Ein vertrautes Objekt vergrößern, «übersetzen» und dadurch verfremden.
«Pop-art» als Gebrauchsgegenstand herstellen und verwenden.

Arbeitsanleitung
Die gewünschte «Vorlage» genau messen und um ein Vielfaches vergrößern *(Zeichnung 1)*. Dies gelingt bei flächigen Arbeiten

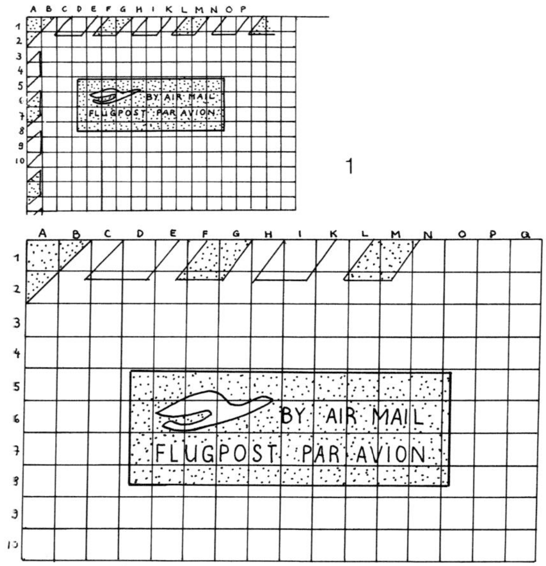

1

Komplizierte Formen (z.B. Geldscheine) könnten eventuell durch Fotokopien vergrößert werden.

mit Hilfe eines Rasters. Die Sperrholzfläche auf das entsprechende Maß zuschneiden (oder zuschneiden lassen). Die Tannenleisten der Seitenwände um das Maß ihrer Dicke länger schneiden *(Zeichnung 2)*. Mit dem Drillbohrer die Löcher für die Nägel in die Latten vorbohren – das Holz würde sich sonst spalten *(Zeichnung 3)*. Mit Weißleim eine Kante des Bodens einstreichen und die vorbereitete Latte daraufkleben, dann die Nägel einschlagen *(Zeichnung 4)*. Dasselbe geschieht mit den andern Latten reihum *(Zeichnung 5)*. Ungefähr 15 Minuten trocknen lassen, schleifen und mit Dispersionsfarbe grundieren. Die getrocknete Grundierung mit feinem Schleifpapier glatt schmirgeln und mit Bleistift die Quadratur und die gewünschte Vergrößerung übertragen. Vor dem Bemalen den Raster wieder wegradieren. Nach der Bemalung das trockene Tablett mit Sprühlack firnissen.

2

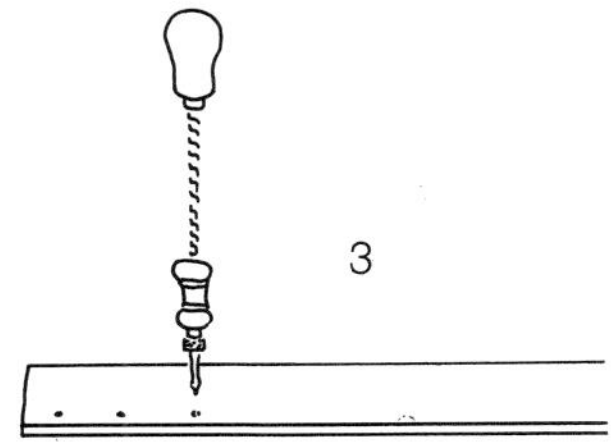
3

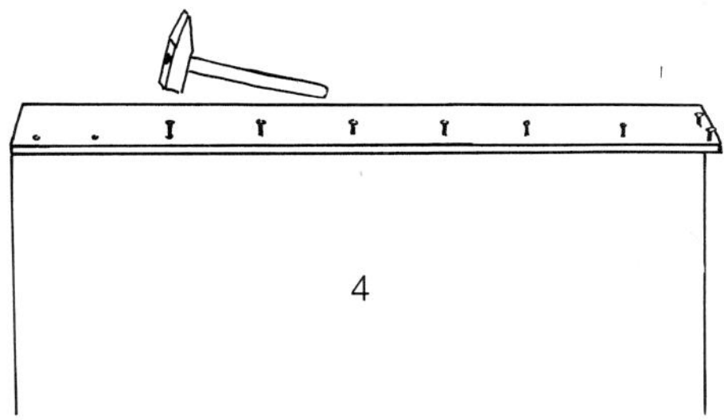
4

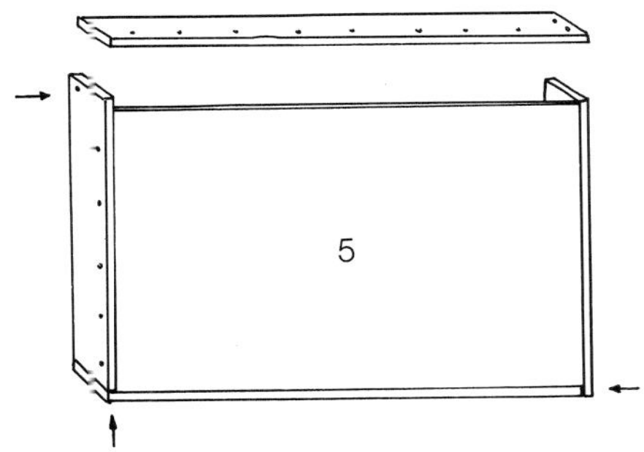
5

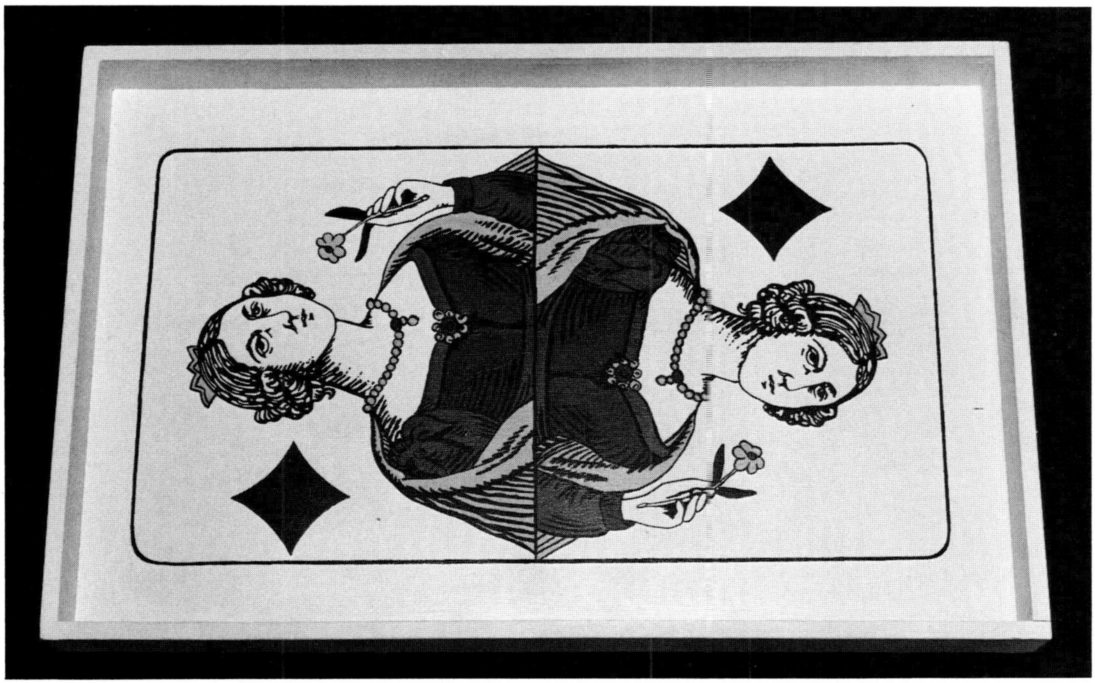

Die Motive auf Rechtecke und Vielecke beschränken, z. B. um ein Vielfaches vergrößerte Strickmaschen, ein Zifferblatt oder eine Jasskarte (S. 69).

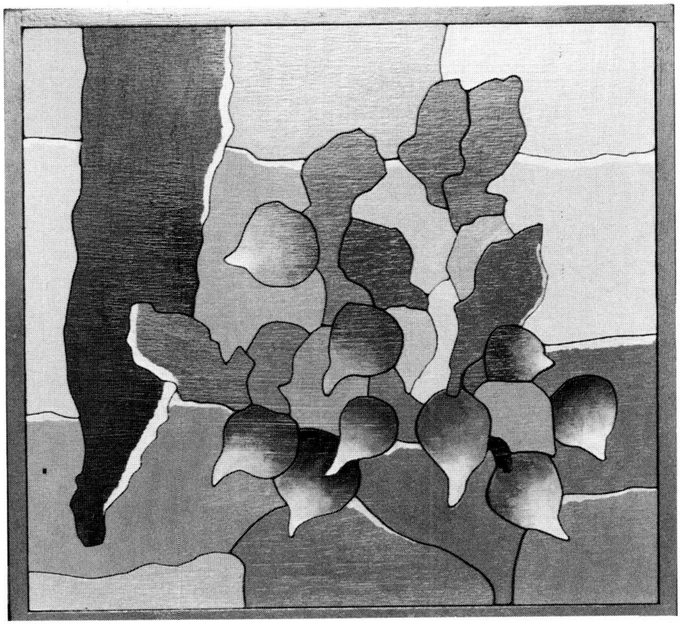

Zusammensetzspiele

Kinder sind schnelle Beobachter, wenn es sich um Zusammensetzspiele handelt. Ein solches eignet sich als didaktisches Spielmaterial. Die Geschicklichkeit und schnelles Kombinieren werden gefördert. Aber auch Erwachsene können für Gleichgesinnte Zusammensetzspiele entwerfen.

Materialliste:
Farbige Papiere (für den Entwurf)
Weißleim
Transparentpapier
Kohlepapier
Sperrholz 4/5/6 mm, je nach Wunsch
Farben (Acryl- oder Temperafarben)
Stahlstifte
Scharniere für den Schachteldeckel
Hakenverschluß

Werkzeug:
Laubsäge
Schleifpapier
Hammer, evtl. auch Zange
Flachzange
Ahle
Schraubenzieher
Schaumgummiroller
Borstenpinsel

Ziel:
Ein didaktisches Spiel selber entwerfen und ausführen.
Materialgrenzen des Sperrholzes kennenlernen.

Arbeitsanleitung

Ein Motiv suchen: Eßwaren, Kleidungsstücke, Jahreszeiten, Pflanzen, Tiere, Städte, Menschen, Fahrzeuge usw.

Den Entwurf großzügig planen, d.h. die Teile nicht zu klein und nicht zu schmal bemessen (Minimum 10 mm).

Eine Entwurfsmöglichkeit ist die Zeichnung, eine andere die Collage. Die Collage aus farbigem Papier (selbsteingefärbtes Papier, Indicolor oder Ingres) kann großzügig und flächig wirken. Die gewünschten Formen reißen und zusammenstellen. Mit einigen Tupfen Leim die Teile an ihrem Ort festkleben.

Ein Transparentpapier auf den Entwurf legen und mit Bleistift den Umrissen nachfahren. Zu enge Stellen umgehen durch großzügigeres Zeichnen oder Weglassen einer Linie. Mit Kohlepapier wird der Entwurf auf die Sperrholzplatte übertragen. Darauf achten, daß Längsteile der Maserierung folgen (siehe Zeichnung 3 bei «Hampel-Wesen»).

Die Sperrholzfläche kann vor der Übertragung des Entwurfes, oder wenn die Teile ausgesägt sind, weiß grundiert werden. Die zweite Variante hat den Vorteil, daß Schnittkanten danach auch grundiert werden (Laubsägen siehe «Hampel-Wesen»).

Die einzelnen Teile schleifen, Vorder- und Rückseite bemalen (Rückseite eventuell nur uni streichen – Gegenzug) und fixieren mit Acryllack oder Spraylack. Trocknen lassen.

Das Spiel zusammensetzen, Länge und Breite messen und notieren. Dem Boden wird rundum 1 cm mehr zugegeben (d.h., wenn das Spiel etwa 30 x 35 cm groß wäre, ist der Boden im Maß 32,2 x 37,2 cm = 2 mm total für Spielraum eingerechnet). Für den Rand 1 cm breite Leisten sägen. Diese schleife man auf einem Schleifpapier, das auf der Tischplatte festgeklebt worden ist *(Zeichnung 1).*

Einige kurze Stahlstifte (ca. 10 mm, 12 mm) in jede Leiste schlagen. Mit der Flachzange die

1

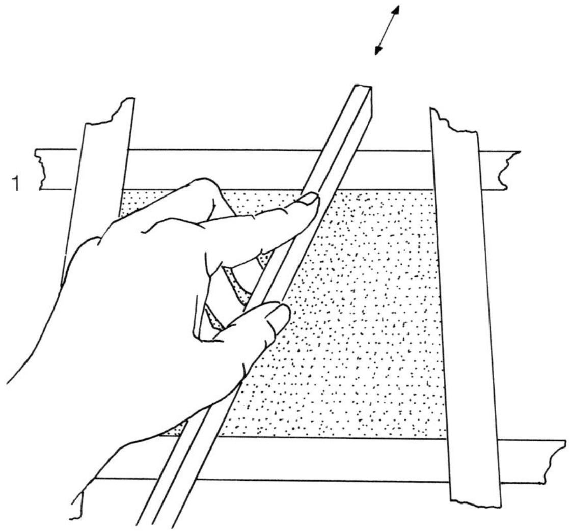

Schleifpapier auf dem Tisch festkleben.

2

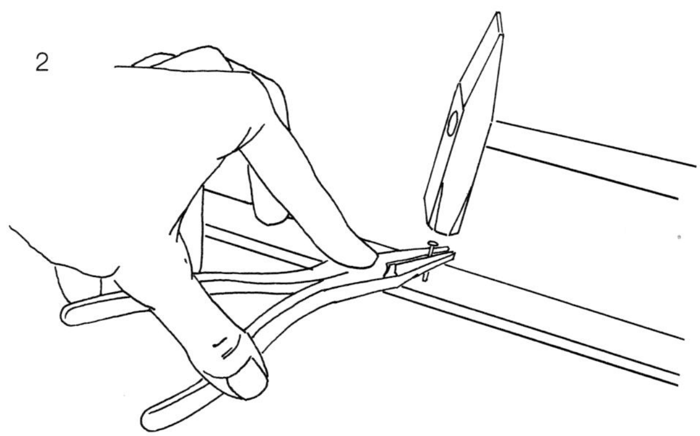

Mit der Flachzange den Nagel festhalten,
damit man sich selbst nicht auf die Finger schlägt.

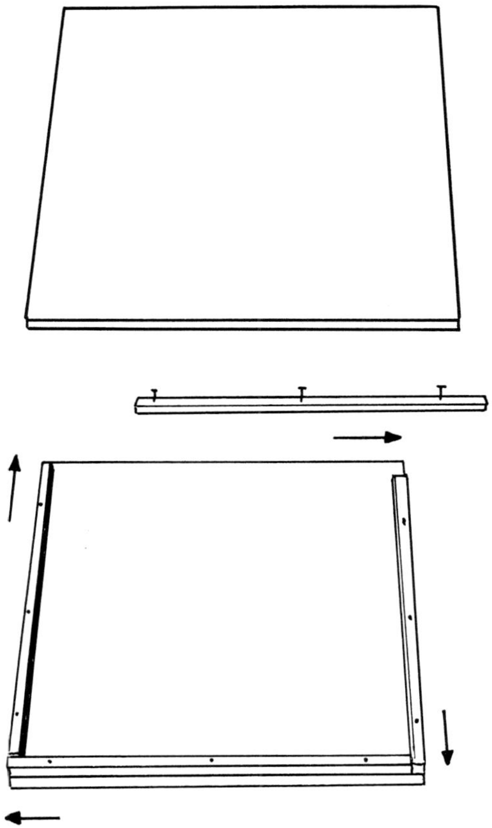

Nägel festklemmen *(Zeichnung 2),* damit man sich selbst nicht auf Zeigefinger und Daumen hämmert.

Die Leisten werden reihum auf den Boden geleimt und genagelt. Nach der zweiten Leiste ist es empfehlenswert, das Zusammensetzspiel in die in Arbeit befindliche Schachtel zu legen. So weiß man genau, wo die zwei letzten Leisten hingenagelt werden müssen. Ungenauigkeiten der Kanten wegschleifen und den Deckel im gleichen Maß aussägen *(Zeichnung 3 «Schachtel»).*

Den ausgeschnittenen Deckel provisorisch an vier Orten festnageln (d.h. die Nägel nicht ganz einschlagen!) und die Kanten glattschleifen. Die behelfsmäßigen Nägel ausziehen und die Schachtel mit weißer Farbe grundieren. Schnell und einfach ist die Fläche mit einem Roller grundiert, Ecken und Kanten mit dem Pinsel streichen. Trocknen lassen, schleifen und gewünschte Farbe auftragen, anschließend lackieren. Mit der Ahle die Schraublöcher anstechen, Scharniere anschrauben und Hakenverschluß anbringen *(Zeichnung 4).*

3

Scharnier und Hakenverschluß

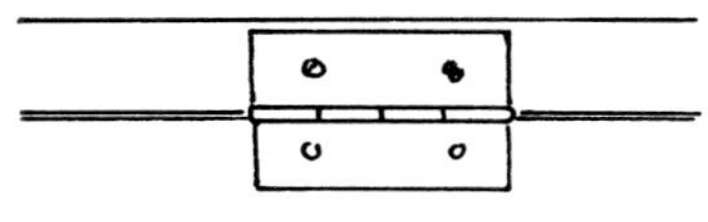

4

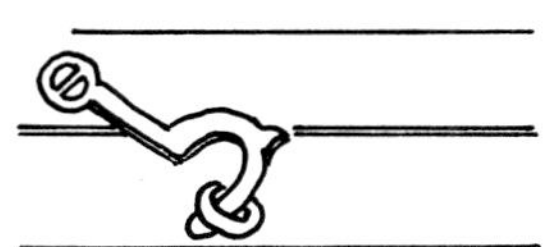

Metamorphose

Metamorphose heißt Verwandlung. Tiere und Menschen lassen sich durch Austausch einzelner Körperteile verwandeln. Sie heißen dann auch anders. Die neue Namensgebung wird zum Wortspiel. Auch als didaktisches Spielmaterial sind die Teile geeignet zum Zuordnen, Sortieren, Benennen, Betasten usw. Ein einzelnes Kind kann sich allein, eine Kindergruppe gemeinsam damit unterhalten.

Materialliste:
Sperrholz (6/8/10 mm, je nach Bedarf)
Entwurfspapier
Transparentpapier
Schleifpapier
Weißleim
Scharniere
Nägel
Hakenverschluß
Acrylfarbe
Stoffband ca. 1,5 cm breit

Werkzeug:
Laubsäge
Schraubenzieher
Hammer

Ziel:
Wortspiele bildhaft darstellen.
Tiere beobachten, «kennen»-lernen, sehen, umsetzen.
Ein didaktisches Spiel selber entwerfen und ausführen.
Eine passende Verpackung dazu herstellen.

Arbeitsanleitung
In der gewünschten Größe die Umrisse eines Tieres oder eines Menschen zeichnen. Die Silhouette in drei Teile zerlegen: Kopf, Rumpf, Hinterteil oder Kopf, Bauch, Beine *(Zeichnung 1).* Weitere Figuren entstehen vom Mittelstück aus. Mit aufgelegtem Transparentpapier überträgt man die Masse an der getrennten Stelle, setzt dort den Hals und den Schwanz des nächsten Wesens an. Für die «Hauptprobe», ob die Metamorphose nun funktioniert, schneide man die einzelnen Körperteile aus und setze sie verschieden zusammen.
Anschließend die gewünschten Teile auf Sperrholz übertragen – auf die Faserrichtung achten, damit z. B. Hörner, dünne Beine etc. nicht abbrechen. Übertrieben vergrößerte und verdickte Stellen sind stabiler. Die einzelnen Teile mit der Laub- oder der Découpiersäge aussägen, mit Schleifpapier säubern und mit weißer Dispersionsfarbe grundieren. Die beim Trocknen entstandenen, aufstehenden Fasern mit feinem Schmirgelpapier glattschleifen. Die so vorbereiteten Teile zusammensetzen und bemalen. Dabei lohnt es sich, die Stücke immer wieder auszutauschen, damit die Metamorphose in Farbklang und Musterung zu einer Einheit wird.
Zur Aufbewahrung der vielen Teile kann ein Stoffsack genäht oder eine Schachtel hergestellt werden. In der Schachtel sind die einzelnen Tiere durch Kartonflächen getrennt. Die Größe der Trennkartons richtet sich nach dem am meisten Platz einnehmenden Wesen. Dieses wird auf einen Karton gelegt, gemessen und der Karton dazu passend im Rechteck geschnitten. Alle andern Kartonunterlagen für weitere Tiere ebenso groß

Durch das Austauschen einzelner Körperteile kann sich ein Hahn in ganz verschiedene Tiere verwandeln.

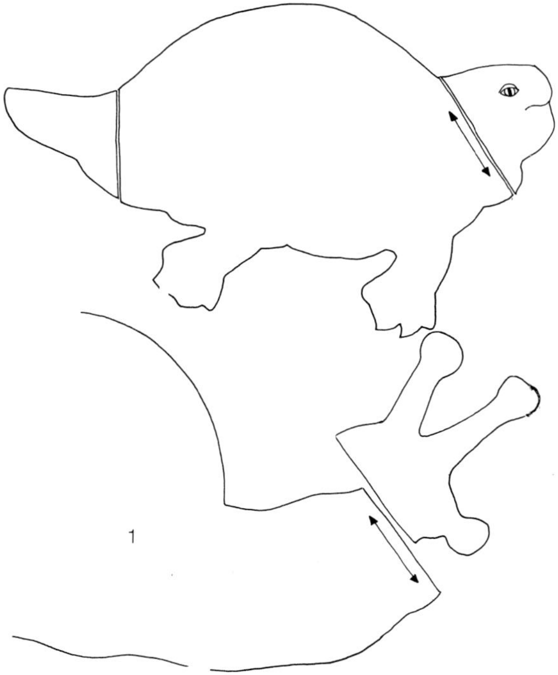

1

3

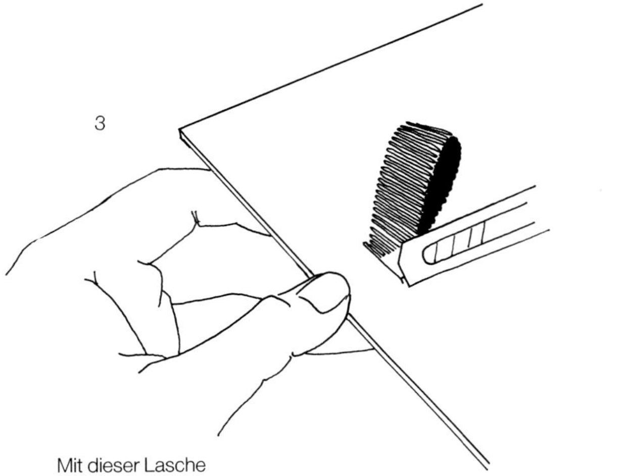

Mit dieser Lasche zieht man die auf dem Karton liegenden Tiere aus der Schachtel.

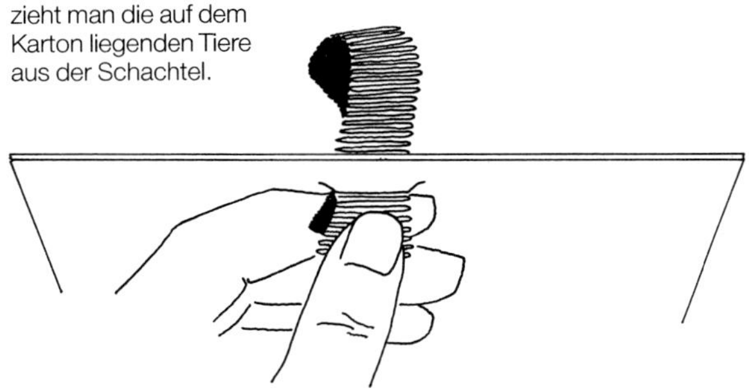

2

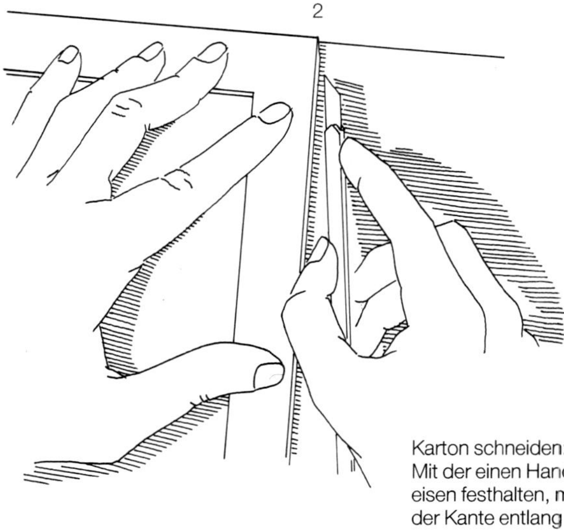

Karton schneiden:
Mit der einen Hand das Winkeleisen festhalten, mit der andern der Kante entlang schneiden.

4

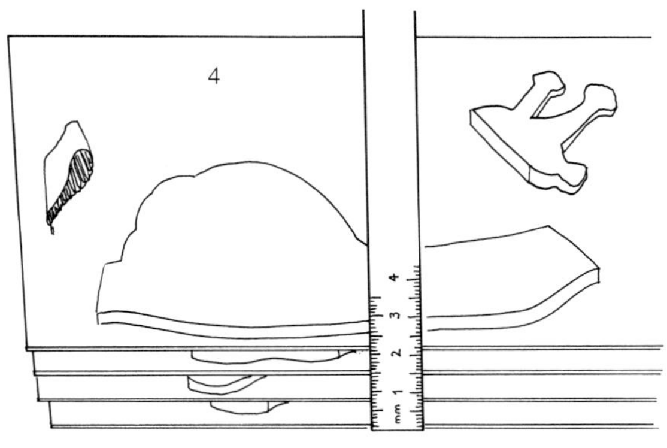

Das Spiel in der gesamten Höhe messen.

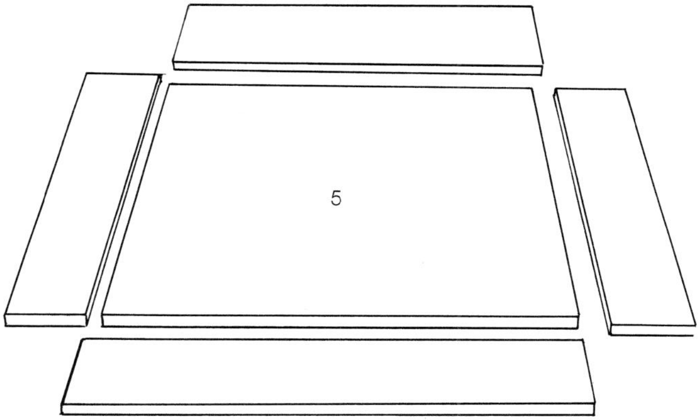
5

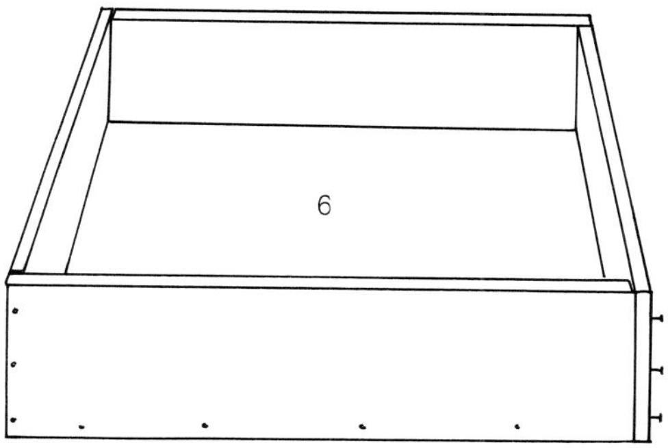
6

Seitenlängen sind Bodenmaß plus Sperrholzdicke.

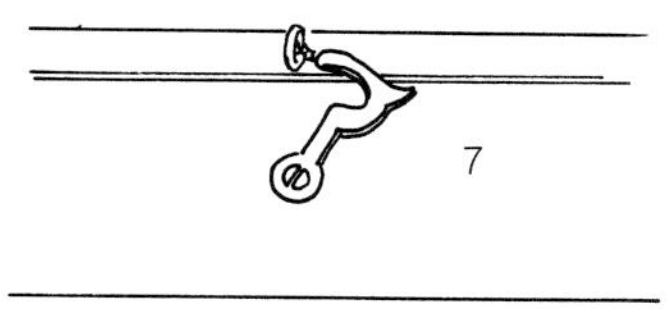
7

ausschneiden *(Zeichnung 2* = Karton schneiden mit dem Japanmesser und dem Winkeleisen). An den Seiten der Kartonteile einen durchgehenden, etwa 2 cm breiten Schlitz für eine Stoffbandlasche anbringen *(Zeichnung 3).* Damit zieht man die auf dem Karton liegenden Tiere aus der Schachtel. Die Enden der Lasche auf der Unterseite mit etwas Weißleim festkleben.

Die Maße der Kartonteile bestimmen die Bodengröße der dazugehörenden **Schachtel.** An zwei nebeneinanderliegenden Seiten gibt man je 2 mm für das Bodenmaß zu. Sobald der Boden ausgeschnitten ist (mit Laubsäge, Bandsäge oder Découpiersäge), folgen die Seitenwände: Die Höhe des gesamten Spieles messen *(Zeichnung 4),* die Dicke des Schachtelbodens dazuzählen (je nach Sperrholzdicke 6 mm/8 mm), das Resultat gibt die Höhe der Seitenwände an. Ihre Länge ist um eine Sperrholzdicke größer als das Bodenmaß *(Zeichnungen 5 und 6),* damit sie sich an den Ecken treffen.

Mit feinen Stahlstiften und Weißleim hält die Schachtel zusammen («Nageln» siehe Zusammensetzspiele, *Zeichnung 2).*

Der Deckel kann durch Nachzeichnen der Schachtelumrisse entstehen oder durch genaues Messen der Schachtel und Übertragen der Maße. Als Verschluß dient der «Hakenverschluß» mit zwei im Deckelrücken angebrachten Scharnieren *(Zeichnung 7).*

Auch die Schachtel wird grundiert, geschliffen und bemalt mit denselben Farben wie das Spiel. Als Schutz dient ein Lackanstrich (Acryl- oder Spritzlack).

Baukasten

Der Spieler soll mit den verschiedenen Elementen beliebig bauen können. Der Baukasten, der auch ein Zusammensetzspiel darstellt, kann Fassade, Stadt oder Haus mit verschiedenen Öffnungen sein.
Mit Figuren wird die Stadt belebt.
Die Bauklötze können in beliebiger Anzahl hergestellt werden. Beim Versorgen ist das Spiel für das Kind ein sogenanntes «Ordnungsspiel» und mit geschlossenen Augen ein «Tastspiel» (didaktisches Spiel).

Materialliste:
Entwurfspapier
Tischlerplatten oder dicke Sperrholzbretter oder ein massives Holzbrett, mindestens 2 cm dick
Kohlepapier
Acrylfarbe
Sprühlack
Schmirgelpapier
Sperrholz (für die dazu gehörende Schachtel)
Nägel
Weißleim

Werkzeug:
Bleistift
Hammer
Zange
Drillbohrer
Bandsäge (in Freizeitanlagen wird man vom Werklehrer oder Freizeitleiter über die Arbeit an der Maschine beraten)

Ziel:
Einen Baukasten als sinnvolles Spielzeug entwerfen und herstellen.
Die Arbeit an der Maschine kennenlernen.
Den Wert eines käuflichen Baukastens einschätzen (Zeitaufwand).

Arbeitsanleitung
Einen Entwurf mit einfachen Formen und genügend Abstand zwischen den Teilen herstellen. Mit dem Entwurf einen Schreiner oder eine Holzwerkstatt aufsuchen und das passende Holzstück auswählen:
Hohe Formen brauchen guten Stand, kleinere Teile können auf einer 2–2,5 cm dicken Platte aufgezeichnet werden. Den Entwurf mit Hilfe von Kohlepapier auf das Holzstück übertragen. Dabei auf die Holzfaserrichtung

achten: Längsformen in Faserrichtung legen *(Zeichnung 1).*

Wer keine Bandsäge besitzt, kann sich in Freizeitanlagen über die Arbeit an der Maschine erkundigen und dort sägen *(Zeichnung 2).*

Nach dem Aussägen alle Kanten sauber schmirgeln und die Teile weiß grundieren. Durch die Farbfeuchtigkeit entstehen Holzfasern, daher alle Teile nochmals schleifen und dann beliebig bemalen.

Wenn alle Seiten der Holzstücke gut ausgetrocknet sind, werden sie mit Acryllack oder Sprühlack fixiert. So sind die Holzklötze vor Feuchtigkeit und bei Berührung geschützt.

Die dazugehörende Schachtel aus Sperrholz (etwa 8 mm oder 10 mm dick) anfertigen. Länge und Breite des Spieles messen (durch den Sägeschnitt verliert die Holzplatte, je nach Dicke des Sägeblattes, einige Millimeter) und auf zwei Seiten je 2 mm zugeben. Das ist das Bodenmaß. Die Seitenwände diesem Maß anpassen und um die Dicke des Sperrholzes verlängern (= Ecke) *(Zeichnung 3 und 4).*

Mit dem Drillbohrer Löcher für die Nägel bohren und die Nägel einstecken. Jede Seite mit Weißleim einstreichen und am Boden reihum festnageln.

Der Deckel entspricht in der Größe den Außenmaßen der bereits angefertigten Schachtel. Beim Sägen des Deckels soll etwas rechts von der Maßlinie geschnitten werden, damit bei Ungenauigkeiten genügend Reserve zum Schleifen vorhanden ist.

Auf der Innenseite des Deckels zwei Leisten

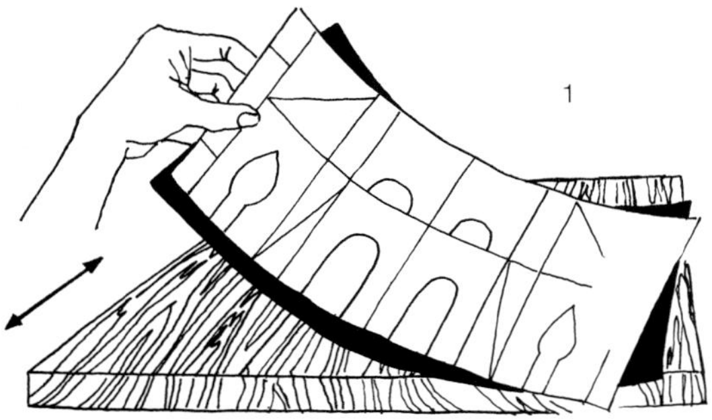

ankleben, welche so lange sind wie das Innenmaß der Schachtel, und sie festnageln. Die Dicke des Randes bestimmt den genauen Befestigungsort der Leiste. So klemmt der Deckel auf der Schachtel fest *(Zeichnung 5 und 6)*.
Auch die Schachtel mit weißer Acrylfarbe grundieren, schleifen, farbig streichen und lackieren.

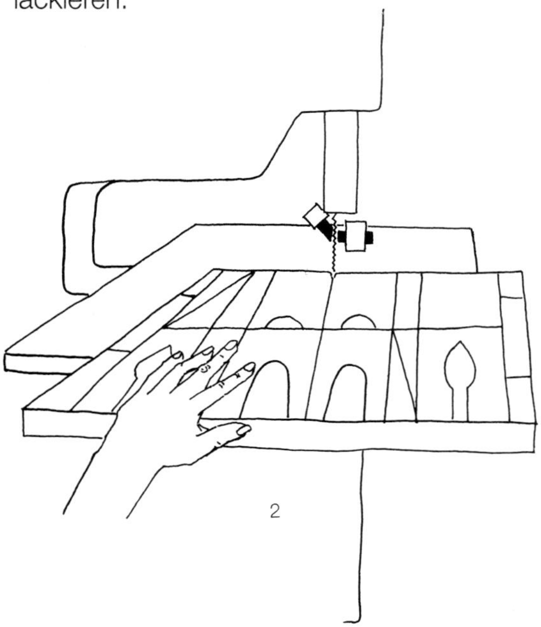

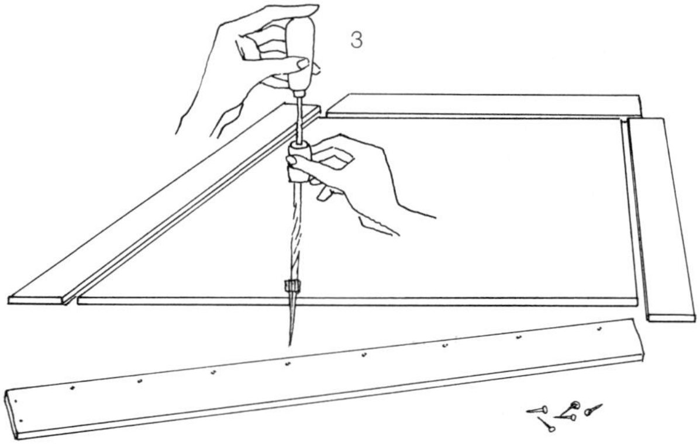

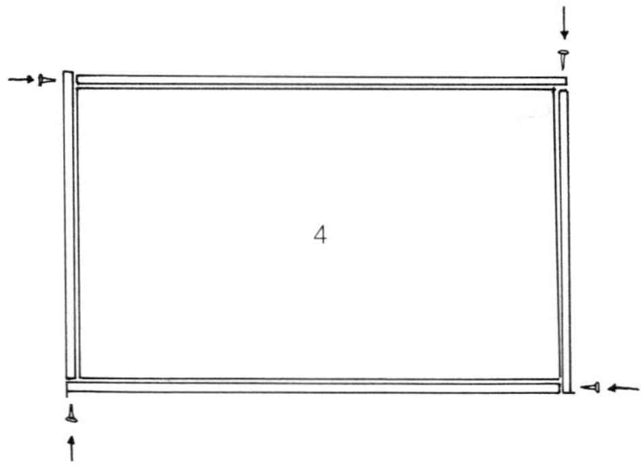

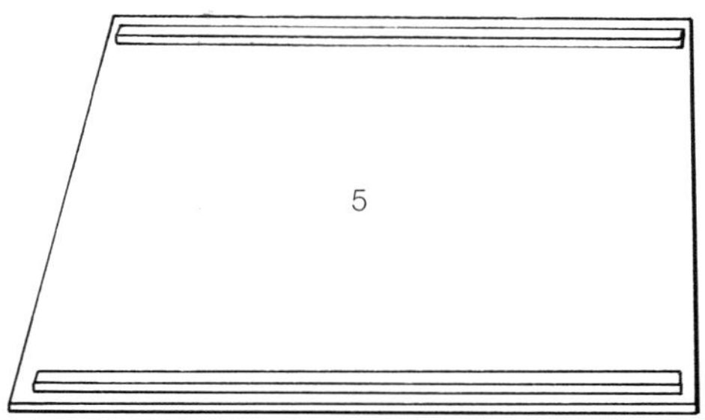

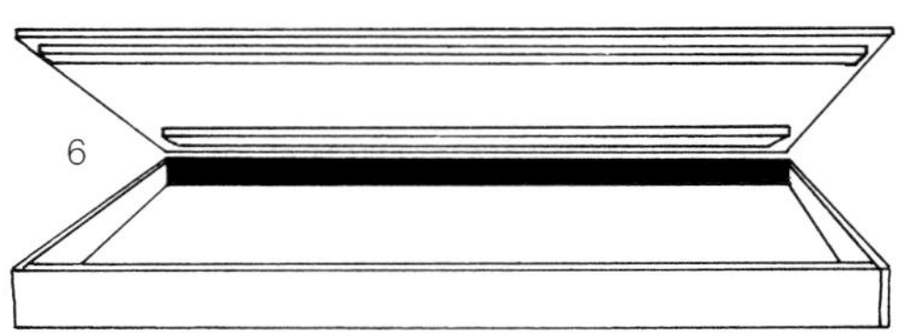

Varianten zur Bemalung: Vorderseite Tag, Rückseite Nacht oder Sommer/ Winter (Figuren in Badeanzügen oder im Winterkostüm)

Figuren für den Spieltisch

Der Begriff «Spieltisch» stammt aus dem Kindergartenvokabular. Er meint den mit Spielelementen gedeckten Tisch, der je nach Thema anders gedeckt wird.
Wer nicht die käuflichen, gedrechselten «Stöpsel»-Figuren verwenden möchte, kann sich die zu einer Geschichte passenden Personen selber herstellen.

Materialliste:
Gehobelte Dachlatten (oder Vierkantlatten, ca. 4 cm breit, 2 cm tief)
Schleifpapier
Eventuell 1 mm-Draht
Unterlagscheiben
Acrylfarbe
Acryllack
Pinsel

Werkzeug:
Bandsäge
Handbohrer (oder Bohrmaschine)
Rundzange
Japanmesser

Ziel:
Proportionen erarbeiten.
Eine einfache Spielfigur herstellen.
Sich mit der Bandsäge vertraut machen.

Arbeitsanleitung
Eine Figur aufzeichnen (Beispiel *Zeichnung 1).* An der Bandsäge die Latte zurechtschneiden: Beine bei hosentragenden Personen zuerst einschneiden. Danach Hals, Taille und Füße (wenn erwünscht) von der

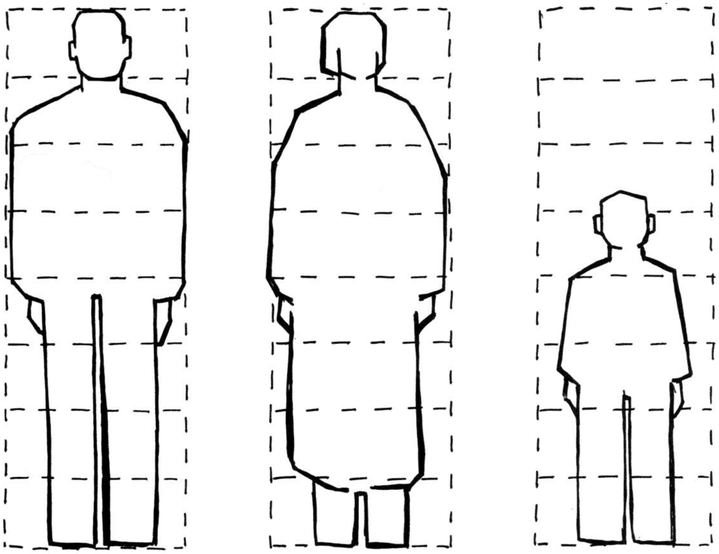

1

Vorderseite her ansägen – die Latte auf die schmalere Kante stellen. Später den Umrissen der Figur folgend weitersägen.

Mit dem Japanmesser alle Kanten «brechen», das heißt wegschneiden. Immer **von sich weg** schnitzen *(Zeichnung 2)*, damit man sich nicht verletzt.

Figuren, welche die Arme bewegen sollen, werden links und rechts der Latte um Armesbreite geschmälert zugesägt. Aus diesen verbleibenden Streifen die Arme herstellen.

Auch eine schlankere Latte könnte für den Körper verwendet werden. Die Arme würde man dann aus Sperrholzresten aussägen (für Brust und Haartracht habe ich eine Holzperle – mit Stecheisen und Hammer gespaltet – aufgeklebt).

Durch Körper und Arme ein feines Loch bohren und die Teile bemalen. Einen 1 mm-Draht einfädeln, Unterlagscheibe und Arm auf den Draht reihen *(Zeichnung 3)* und diesen mit der Rundzange so biegen, daß der Arm nicht abrutschen kann.

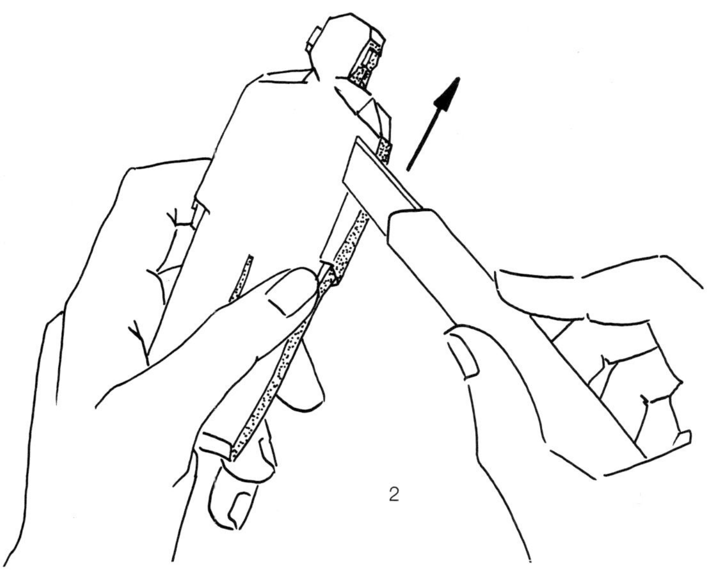

2

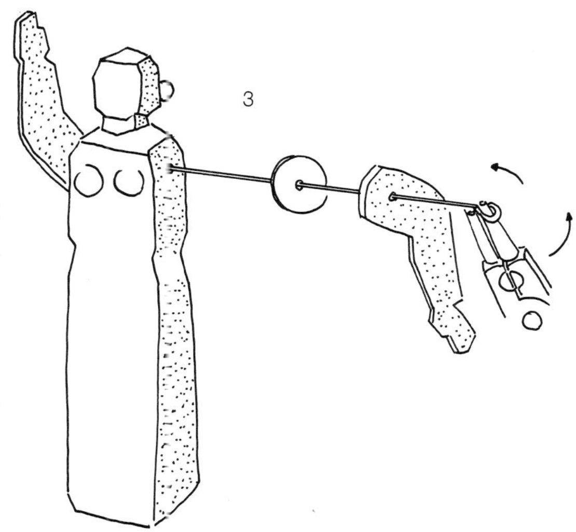

3

Didaktisches Spiel mit Berufsleuten

Ein didaktisches Spiel soll lehrhaften Charakter haben. Zu verschiedenen Berufen können Gegenstände aufgezählt werden, die mit der Tätigkeit der Person zu tun haben, z. B.: der Bäcker braucht Mehl, Salz, Eier; der Polizist kennt alle Verkehrstafeln (Verkehrserziehung!); die Krankenschwester benützt Pflaster, Spritzen, Thermometer (Vorbereitung auf einen Spitalaufenthalt).
Mindestens acht darzustellende Motive pro Beruf auf Kartontäfelchen malen. Wenn zwei oder mehrere Berufsleute nebeneinander stehen, kann ein Kind (oder können mehrere Kinder) die passenden Karten zuordnen. Dabei lernt es die Namen der unter Sammelbegriffen wie Werkzeug, Musikinstrumente, Pflanzen einzuordnenden Dinge kennen. Für den Sprachunterricht ist dieses Spiel eine optische Hilfe.

Materialliste:
Gehobelte Dachlatten (für die Personen)
1 mm-Draht
Klebeband
Weißleim
Stahlstifte oder kleine Nägel
Stoffreste
Woll- oder Garnreste, Pelzreste (für Haare)
Nähfaden
Sperrholz (für Kästchen)
2 mm-Karton (oder feines Sperrholz für Spielkarten)
Acrylfarbe

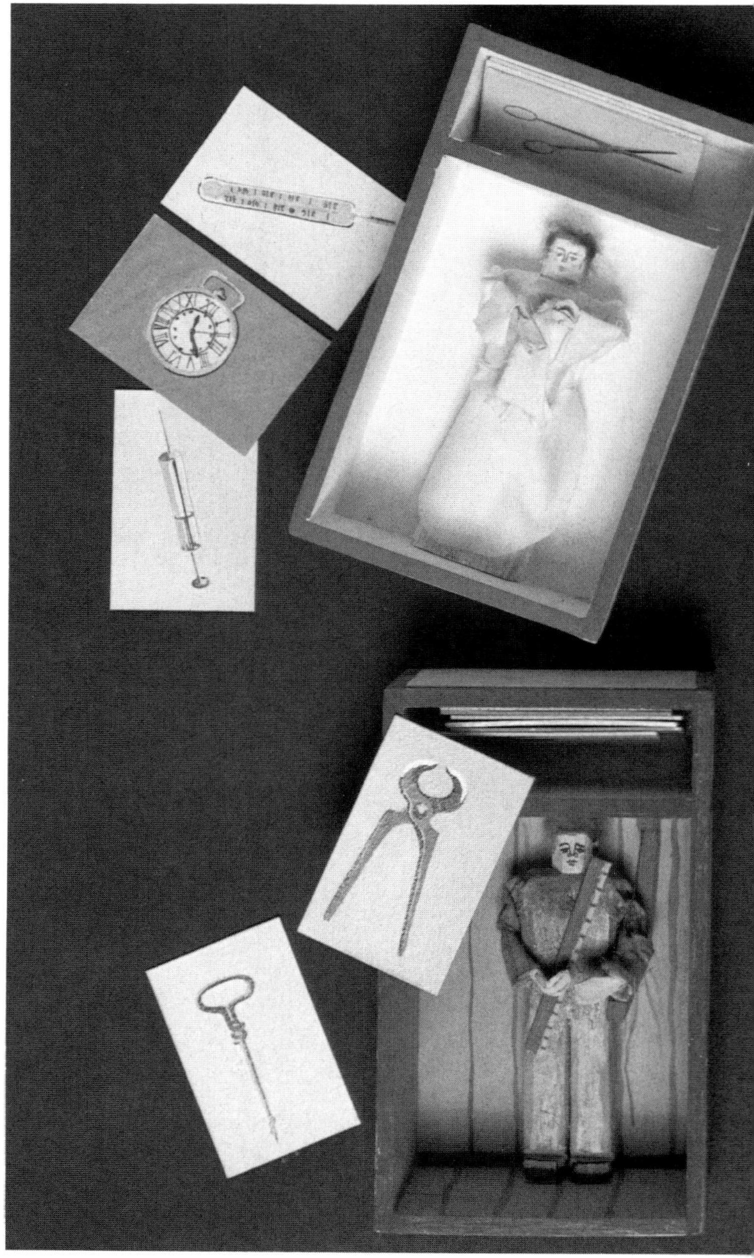

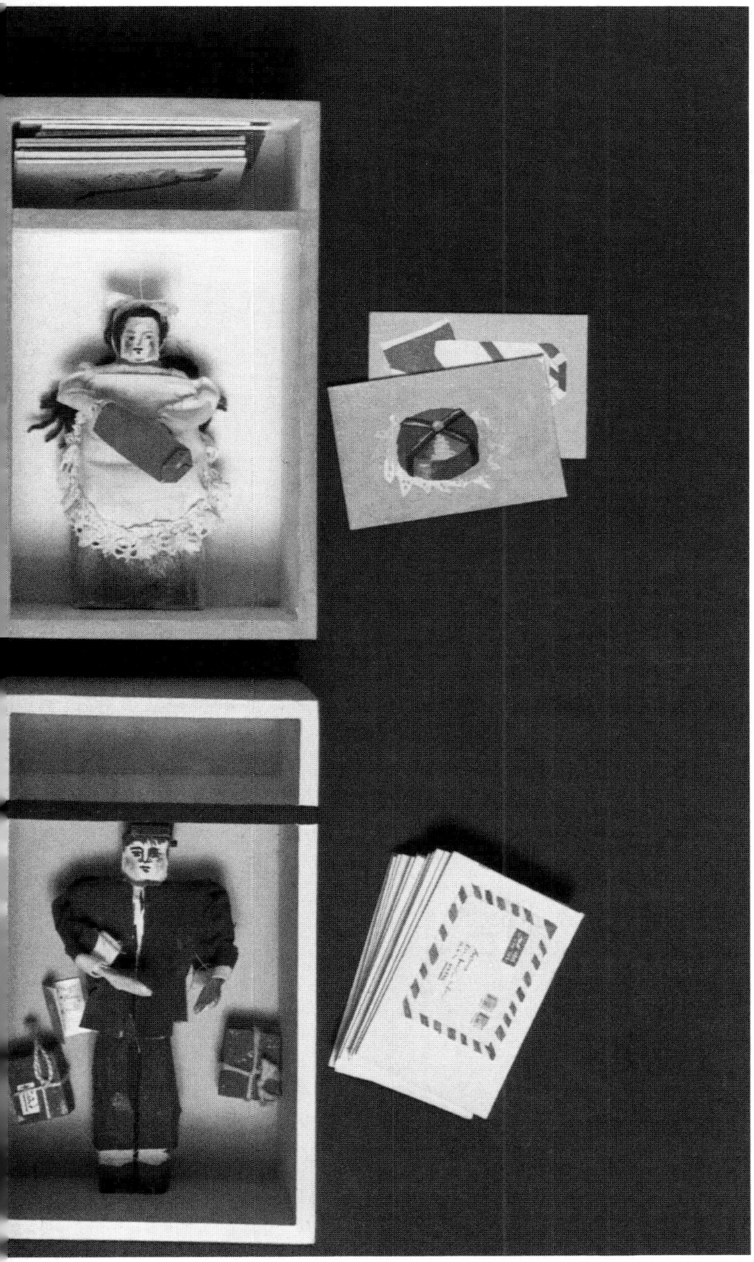

Werkzeug:
Bandsäge
Rundzange
Bohrer
Nähnadel
Borstenpinsel
Pinsel
Schmirgelpapier
Japanmesser
Maßstab
Winkeleisen

Ziel:
Ein didaktisches Spiel selber gestalten.
Zeichenhafte Motive suchen.

Arbeitsanleitung
Die Berufsperson herstellen (siehe auch unter «Figuren für den Spieltisch»). Für bewegliche Arme kann ein Stück Draht durch den durchbohrten Oberkörper gesteckt werden *(Zeichnung 1).* Den Draht für die Hände mit der Rundzange zurechtbiegen (A); die Hände mit Klebeband umwickeln (B) und das vorstehende Klebeband wegschneiden (C).
Die Figur nach Wunsch bemalen und eventuell durch passende Stoffreste charakterisieren. Dabei darf großzügig gearbeitet werden, weil das Kostüm der Figur ja nicht mehr gewechselt wird. Stoffreste dürfen aufgeklebt und grob zusammengenäht werden. Die Stiche dürfen auch sichtbar sein. Zu großer Arbeitsaufwand wäre unangebracht. In der gewonnenen Zeit kann bereits eine weitere Person hergestellt werden.
Sparsame Stoffzugabe um die Figur ist nötig, weil diese sonst formlos wirkt. Die primitive Holzform sollte spürbar bleiben. Den

1

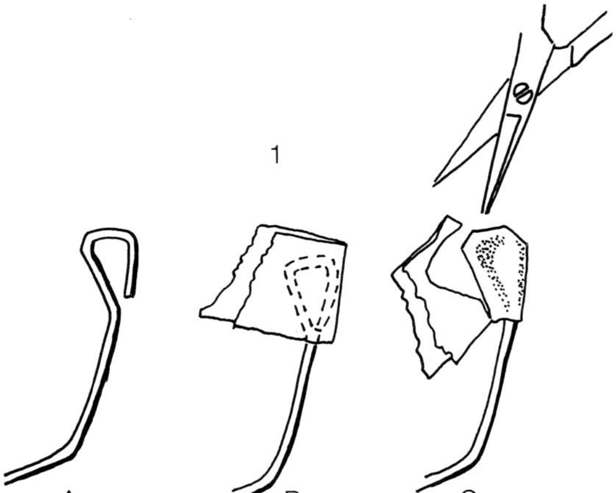

2

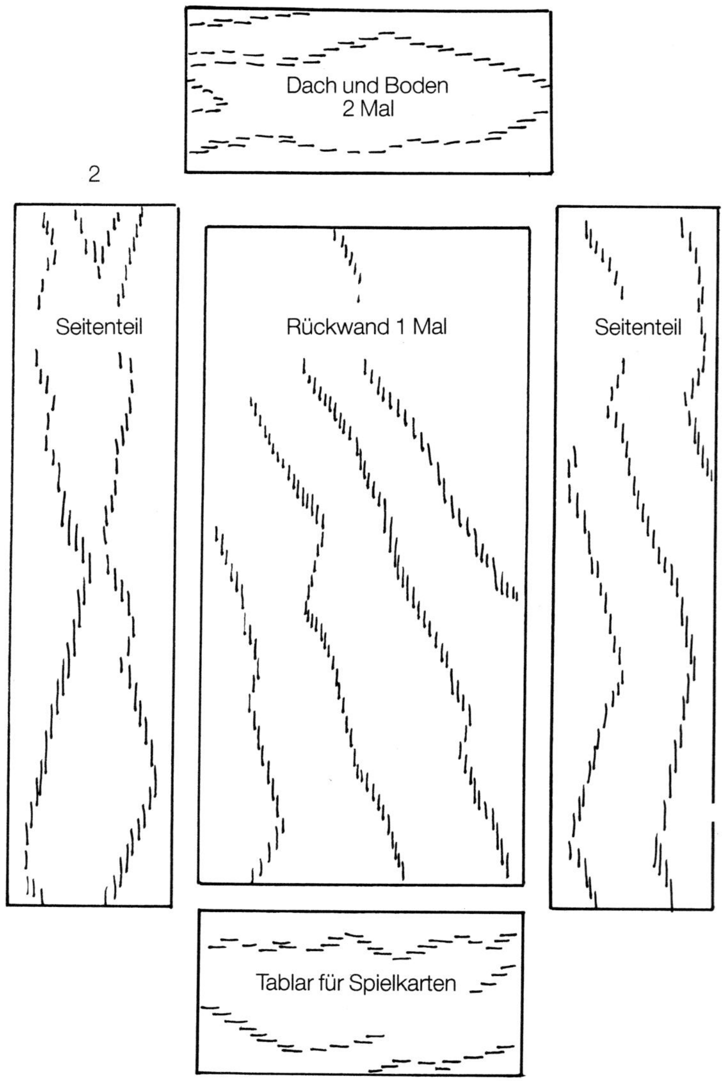

Stoff also nur zeichenhaft, charakterisierend, benützen.
Die Spielkarten in gewünschter Größe mit Japanmesser und mit Hifle des Winkeleisens zuschneiden (in Fachgeschäften wird der Karton nach Maß zugeschnitten).
Vorder- und Rückseite der Karten weiß grundieren und mit den zum Beruf passenden Motiven bemalen. (Wer nicht gerne malt, könnte sich der Collage-Technik bedienen.)
Die Höhe der Spielfigur und der Kartenbeige bestimmen die Maße des Kästchens. Seitenteile, Rückwand und Tablar auf die Sperrholzplatte aufzeichnen und dabei darauf achten, daß die Faserrichtung längs zu den Holzstücken läuft *(Zeichnung 2).*
Das Kästchen leimen und zusammennageln (siehe auch unter «Die Schachtel in der Schachtel»).
Auch die Figuren können ihrem Gehäuse im Kästchen zugeordnet werden, wenn dieses entsprechend typisch bemalt wird.

1

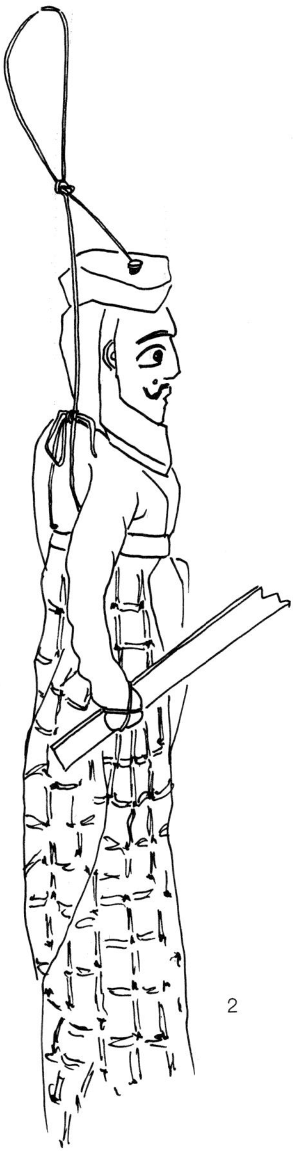

2

Marionetten

Im sizilianischen «TEATRO DEI PUPI» sind die Figuren am Kopf mit einer starren Eisenstange verbunden. Eine zweite Stange führt den rechten Arm des Ritters, und der rechte Arm ist durch Fäden mit dem rechten Knie verbunden *(Zeichnung 1)*.
Die Figuren sind ungefähr 90–140 cm hoch und durch ihr Gewicht auf diese Führung angewiesen.
Die Rajasthan-Marionetten aus Nordindien hängen an einer geschlungenen Schnur, welche am hölzernen Kopf mit einem Nagel befestigt ist *(Zeichnung 2)*.
Die uns bekanntere Art, Marionetten zu führen, ist jene mittels Kreuz mit beidseitig zum Ohr, zur Schulter, zu den Händen und Knien gespannten Fäden *(Zeichnung 3)*.
Eine Marionette kann aus Holz geschnitzt, mit Zeitungen und Kleister geformt, aus Stoff oder Ton hergestellt sein. Auch mit Wegwerfmaterial läßt sich eine Gliederpuppe gestalten.

Materialliste:
Für eine geschnitzte Marionette wird Lindenholz benötigt.
Für eine Marionette aus Papiermaché: Zeitungen und Kleister.
Für eine modellierte Marionette: Ton.
Für eine textile Marionette: geeignete Stoffe.

Allgemeine Materialliste:
Tannenleisten für das Führungskreuz
Schnur, zähes Garn oder Nylonfaden
Ringschrauben
Acrylfarben

Stopfwatte
Stoff
Nähfaden

Werkzeug:
Drillbohrer
Ahle
Feine Säge oder Bandsäge
Schleifmaschine oder Schmirgelpapier

Ziel:
Eine funktionstüchtige Marionette herstellen.
Proportionen erarbeiten.

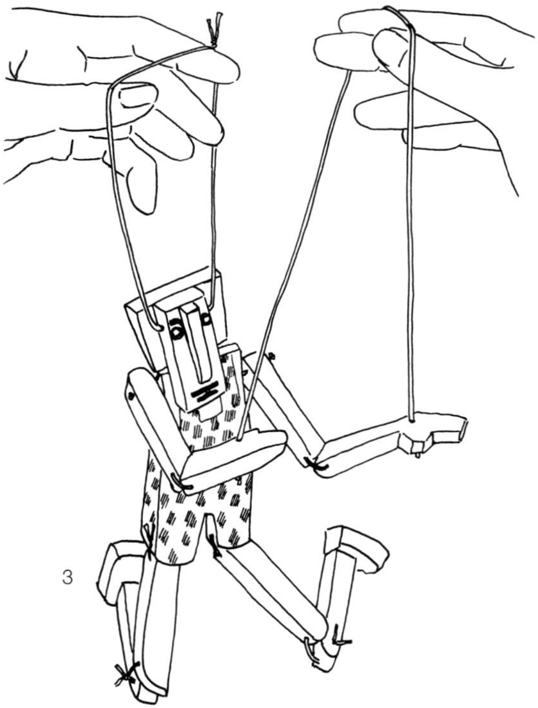

3

Arbeitsanleitung

Die Marionette ist eine Gliederpuppe, in allen Gelenken beweglich, ausgenommen im Fußgelenk (Kopf siehe Stabpuppen).

Eine einfache, für Kinderhände geeignete Marionette könnte an zwei Fäden geführt werden (Zeichnung 3). Ihre Glieder aus Holzresten werden in den Gelenken durchbohrt und mit Schnur zusammengeknüpft.

Die geschnitzte, die aus Ton geformte und die aus Zeitungen und Kleister hergestellte Marionette benötigt einen Kopf, zwei Hände und Unterschenkel mit Füßen. Den Körper, Ober- und Unterarm sowie die Oberschenkel fertigt man aus Stoff an *(Zeichnung 4).*

Die Schnüre, welche mit dem Fadenkreuz verbunden sind, können an den Stoff geknüpft werden.

Wenn eine aus Ton geformte Marionette haarlos werden soll, muß während der Arbeit daran gedacht werden, daß von Ohr zu Ohr entweder ein durchgehendes Loch gebohrt oder durch den Kopf ein feuerfester Draht mit hinter den Ohren zu biegenden Ösen eingeführt wird.

Haarlose Figuren aus Holz können an Ringschrauben aufgehängt werden. Die «Geh-Bewegung» in langen Kleidern kann mißraten, wenn das Kniegelenk im Jupe nicht richtig eingefädelt ist: Nach dem Einknüpfen der Schnur im Gelenk muß diese etwa 5–6 cm oberhalb des Knies durch das Kleid geführt werden.

Das einfachste Führungskreuz ist dreiteilig *(Zeichnung 4 und 6).* Die Längs- und die Querleiste werden ineinandergefügt *(Zeichnung 7).* Beide Leisten an ihrer Kreuzungsstelle bis zur Mitte der Leistendicke ansägen. Das herauszunehmende Stück Holz von bei-

4

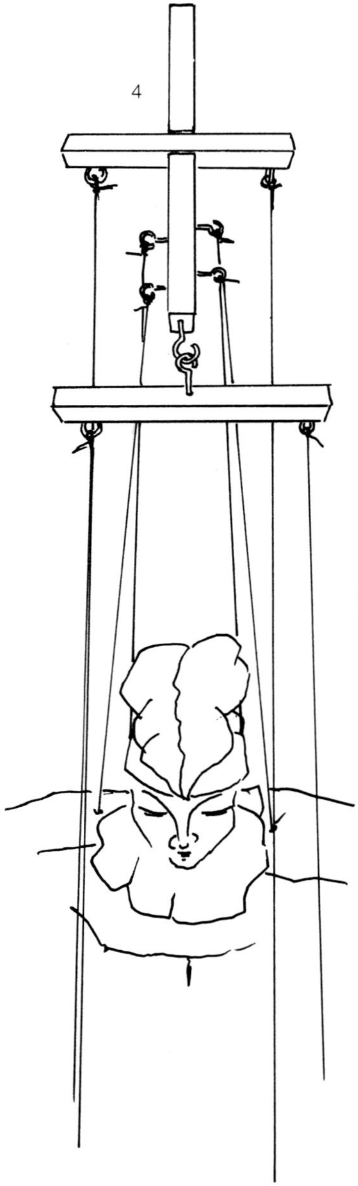

5

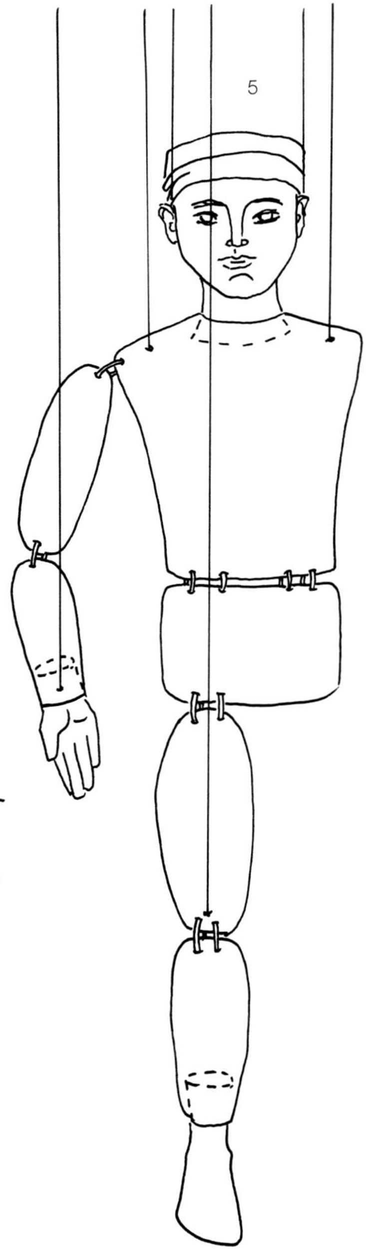

6

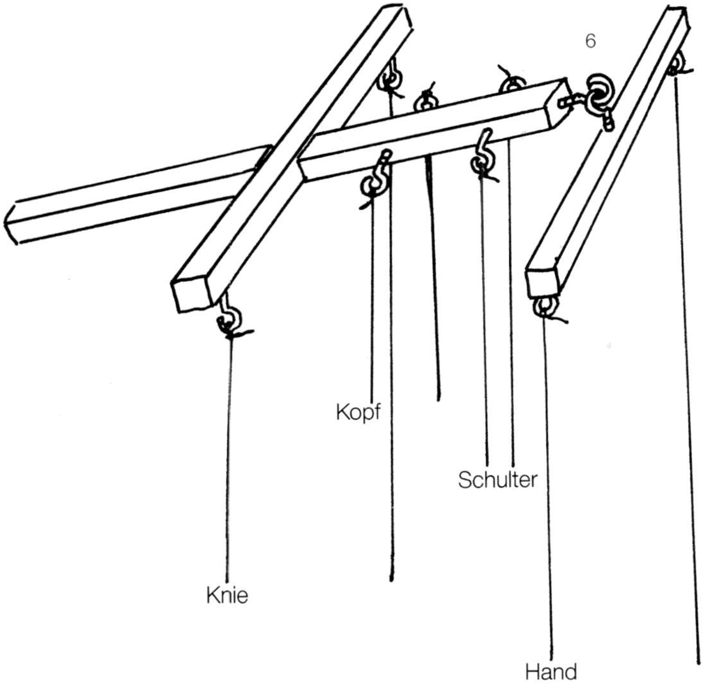

den Seiten schräg sägen und das übriggebliebene Stück mit der Feile wegschleifen. Wenn die Holzfasern ganz gerade gewachsen sind, kann das letzte Dreieckstück auch mit dem Stechbeitel oder einem Schnitzmesser weggeschnitzt werden. Mit dem Drillbohrer die Löcher für die Ringschrauben bohren und mit der Ahle die Ringschrauben eindrehen, bis sie fest sitzen.

Das Einknüpfen der Fäden geht zu zweit besser: Eine Person hält das Führungskreuz, mit Vorteil stehend und mit gesenkten Armen.

Die andere befestigt zuerst die Schultern und den Kopf einer Puppe, anschließend die Knie und die Arme (die Füße stehen auf dem Boden).

Die Gehbewegung muß geübt werden. Durch Hin- und Herbewegen des Handgelenkes am Querstab macht die Puppe die gewünschten Schritte.

Alle weiteren Bewegungen der Puppe sind Sache von Übung, Beobachtung und Inspiration.

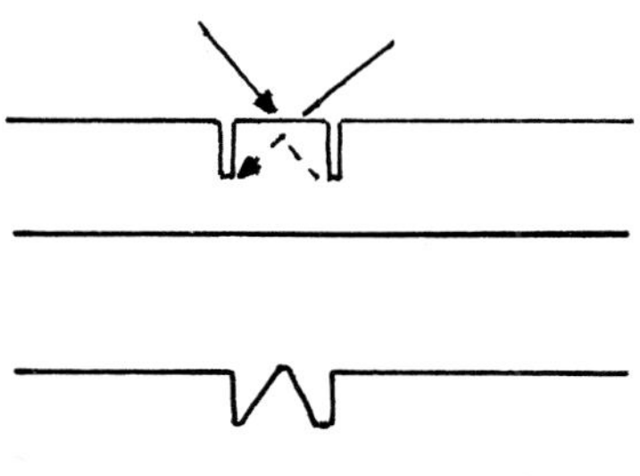

7

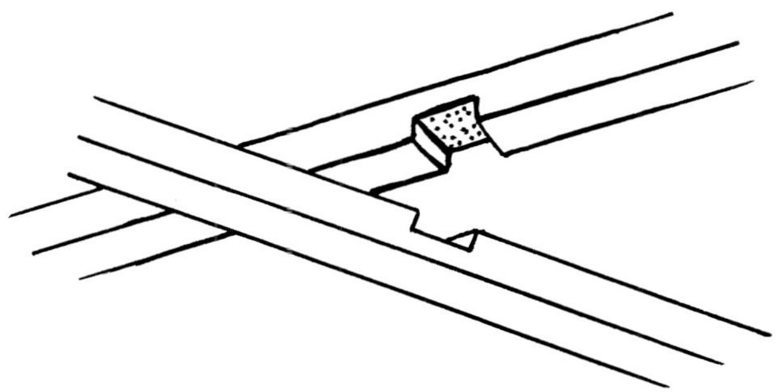

Schnitzen

Schnitzen kann man Schalen, Bestecke, Tiere, Reliefs, Masken, Skulpturen etc. Anfängliche Anregung zur figürlichen Schnitzerei könnten zum Beispiel einfache Holzplastiken aus Afrika oder Südsee sein.

Materialliste:
Lindenholz
Papier und Bleistift für den Entwurf

Werkzeug:
Holzhammer *(Zeichnung 1)*
Geradeisen (Schnitzwerkzeug)
Balleisen (Schnitzwerkzeug)
Geißfuß *(Zeichnung 2)*
Bandsäge oder «Fuchsschwanz»

Ziel:
Dreidimensionales Denken: statt anzusetzen – wie bei Tonarbeiten – die Erfahrung des Abtragens von Material zu machen und dabei maßvoll vorzugehen.

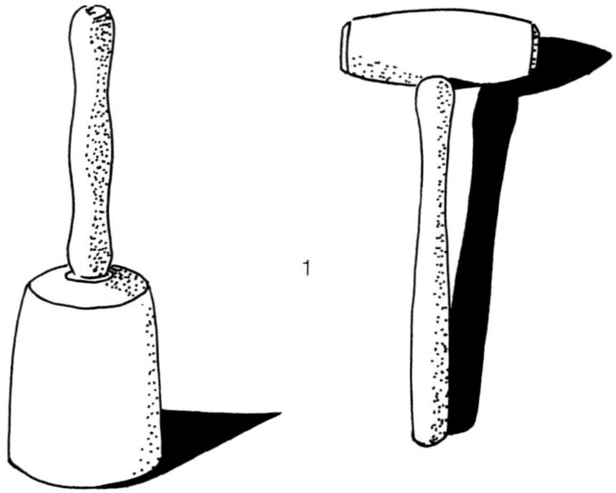

1

2

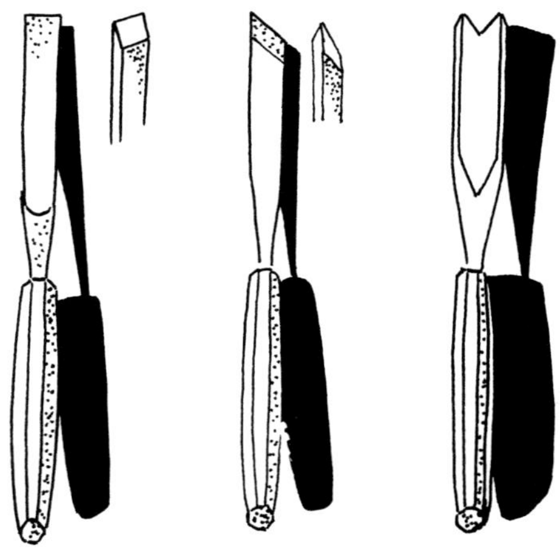

Arbeitsanleitung
Beim Entwerfen der Figuren lohnt es sich, den gewohnten Raster zu zeichnen, damit die richtigen Proportionen auf das Lindenholz übertragen werden können *(Zeichnung 3)*. Drehungen im Körper sind für Anfänger vorerst noch zu kompliziert.
Der Entwurf wird senkrecht, das heißt dem Lauf der Holzfasern folgend, aufgezeichnet *(Zeichnung 4)*. An der Bandsäge den Umriß des Körpers zurechtschneiden. Dabei die Holzsilhouette im Hobelbank oder Schraubstock festklemmen. Die am weitesten hervorstehenden Stellen bezeichnen (z. B. Kleidung, Brust, Nase, Kinn etc.), von einem dieser höchsten Punkte ausgehend, mit dem Flacheisen beginnend, in der Holzfaserrichtung wegschnitzen. Wenn der angegebene Punkt weit hervortreten soll, muß man ent-

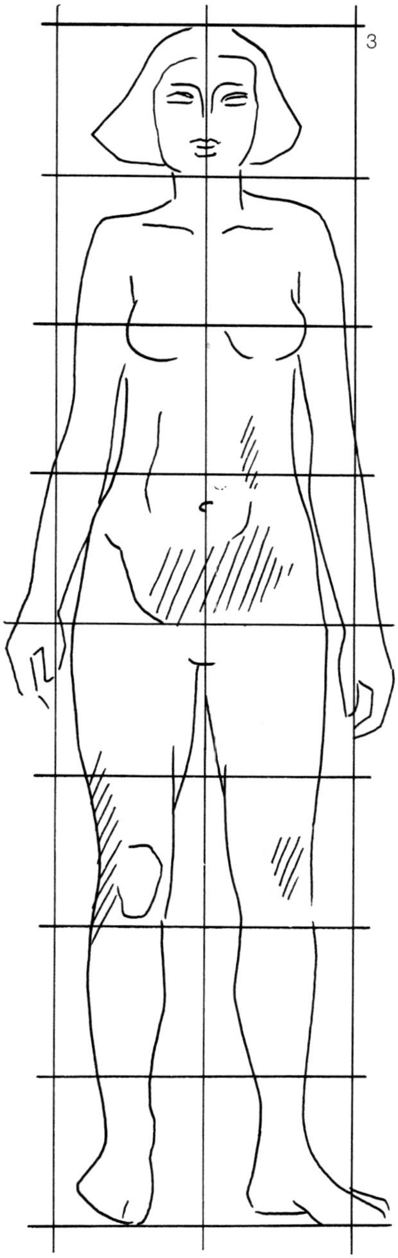
3

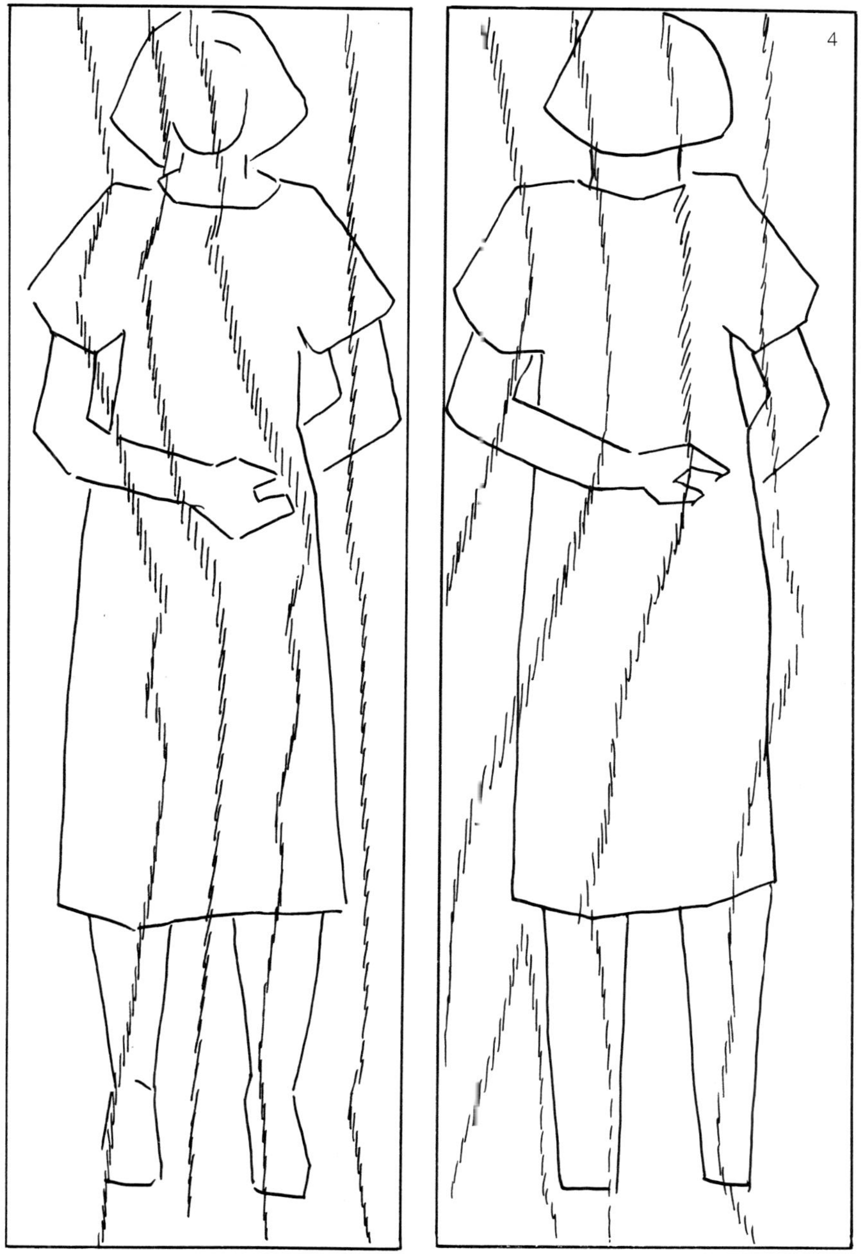
4

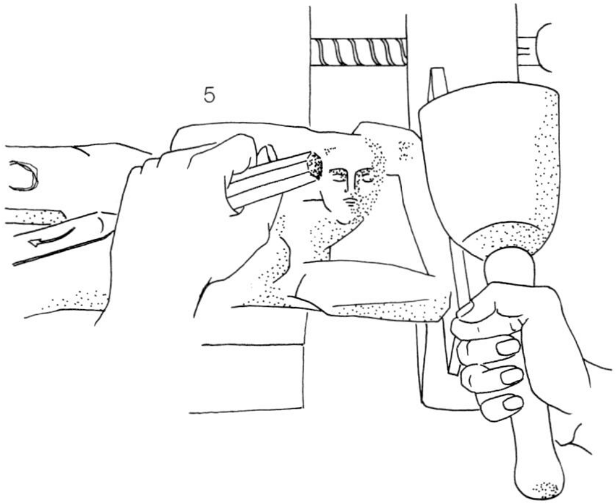

5

sprechend tiefer schnitzen. Die wichtigsten Linien immer wieder neu einzeichnen, da sie durch die Schnitzarbeit abgetragen werden *(Zeichnung 5:* So wird das Schnitzeisen gehalten, wenn der Holzhammer gebraucht wird).

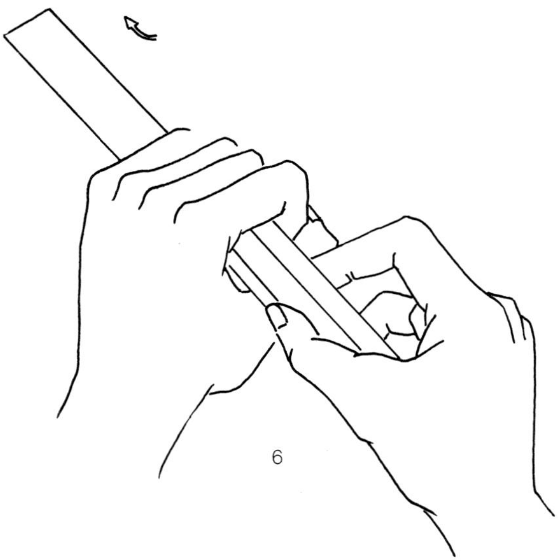

6

Sobald die Figur plastisch wird, kann man sie wenden. Danach betrachtet man sie von allen Seiten und bezeichnet die noch unbearbeiteten Stellen. Für die feinere Abtragung wird der Holzhammer nicht mehr gebraucht *(Zeichnung 6)*. Die linke Hand hält das Eisen und «zielt», während die rechte Hand stößt und «steuert».

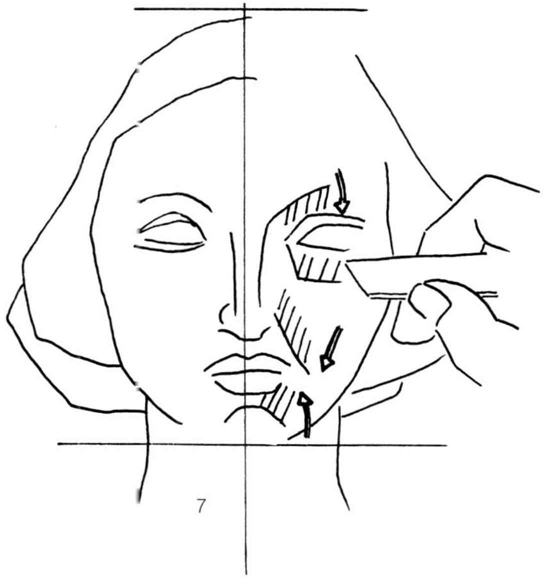

7

Dabei sollte der Druck durch die rechte Hand das Messer nicht allzu tief in die Holzfasern führen, damit diese leicht abgehoben werden können. Letzte Feinheiten mit dem Japanmesser bereinigen *(Zeichnung 7)*.

Claudia Bischofberger-Voss

Kreatives Werken

Papier- und Textilarbeiten

96 Seiten mit einfarbigen Abbildungen und Illustrationen

Herbst 1988

Dieses Werkbuch ‹Papier- und Textilarbeiten› enthält ausschließlich Motive, die ohne Maschinen realisiert werden können. Es sind Papier- und Textilarbeitsvorschläge, welche von Eltern, Erziehern in Schule, Hort und Kindergarten und von weiteren Interessierten angewendet werden können.